어린 왕자를 찾아서

어린 왕자를 찾아서

김화영 지음

문학동네

예복을 입은 인물(자화상으로 추정됨).
종이에 연필.

1. 육십 세가 된 '어린 왕자'

2006년으로 『어린 왕자』는 육십 세가 되었다. 프랑스에서 이 책의 불어판이 출판된 것이 2차 대전 직후인 1946년이었던 것이다. 환갑이 된 어린 왕자? 그러나 어린 왕자는 늙지 않는다. 그것이 '어린' 왕자의 본질적 의미인 동시에 존재 이유다. 어린 왕자는 영원히 어리고 영원히 변함없는 순수함의 광채로 우리의 마음 깊은 곳에서 사막의 샘물처럼 되살아난다.

얼른 보기에 어린이를 위한 동화 같은 인상을 주는 『어린 왕자』는 이 세상에 나온 책 중에서 그 유례를 찾아볼 수 없는 기록을 세웠다. 콩트? 우화? 혹은 잠언을 연상시키는 그림책? 어른

꽃-별 밭에 서 있는 어린 인물(어린 왕자의 첫 착상일 가능성이 있다).
노란 마분지에 연필과 색연필.

을 위한 동화? 장르를 규정하기 어려운 조그마한 책 『어린 왕자』는 인류의 역사상 가장 많은 나라 말로 번역 소개되었다. 영어와 불어로 처음 나온 이 책은 지난 육십 년 동안 무려 백육십 개 국어로 옮겨져 사랑받았다. 그리고 아직도 또 새로운 번역본이 나오곤 한다. 최근에는 남부 아프리카의 쇼사어 번역이 나왔다. 지구상 최대의 베스트셀러인 이 책은 원서가 발간된 이래 출판된 모든 판본들을 다 합치면 약 팔천만 부가 판매되었다. 여기에 저작권 협약에 가입하지 않은 나라의 번역본과 해적판 등 집계되지 않은 많은 판본들과 판매기록들을 보탠다면 일억 부를 육박할 것으로 추산된다. 그중 1946년 이래 프랑스에서 판매된 『어린 왕자』만 천백만 부에 달한다. 단일 책으로는 최고의 기록이다. 그중 어린이용 판본이 이백만 부, 저자 탄생 백 년을 기념하여 원본에 가장 가까운 모습으로 새로 발간된 1999년판 '폴리오' 문고본[1]의 판매고가 백만 부에 이른다. 현재 이 책을 독점출판하고 있는 갈리마르는 매년 평균 삼십오만 부의 『어린 왕자』를 찍어낸다.

---

1) 『어린 왕자Le Petit Prince』 1999년 폴리오 판은 다음과 같은 점에서 종래에 나온 모든 판본들과 차이를 보인다. 작가 사후에 출판된 기왕의 모든 불어판은 1943년 생존시 작가의 검토를 거쳐 나온 미국판 불어, 영어 원본을 다시 손질한 것으로 1) 천문학자가 망원경으로 바라보는 별 그림이 누락되어 있고 2) 어린 왕자의 망토 색깔이 다르며 3) 장사꾼과 천문학자가 칠판과 장부에 기록한 글자(숫자나 기호)의 획들이 차이

생텍쥐페리는 『어린 왕자』 이외에도 『인간의 대지』나 『야간비행』 『전시 조종사』 같은 작품으로 알베르 카뮈, 앙드레 말로와 더불어 프랑스의 폴리오 문고본 가운데서 가장 많이 판매되는 작가다. '생텍스' 라는 애칭으로 널리 알려진 생텍쥐페리는 지난날 사람들에게 꿈을 심어준 우편기의 선구자, 혹은 2차 대전이 거의 끝나가던 1944년 7월 31일 오전 정찰비행을 떠난 뒤 영원히 돌아오지 않은 전시 조종사였지만 지금 그는 오히려 『어린 왕자』의 저자로 세인들에게 더 많이 알려져 있다. 그런데 프랑스 현대문학사 속에서 고독한 예외인 이 작은 책은 기이하게도 2차 세계대전 중 프랑스가 아닌 미국에서 착상되고 그곳에서 완성되어 뉴욕에서 처음으로 영어판과 불어판이 동시에 출판되었다.

를 보이고 4) 어린 왕자의 목도리 둘레선, 꽃의 꽃잎과 꽃받침, 가로등 밑의 태양광선, 바오밥나무의 뿌리와 야자수 가지 모양이 다르며 5) 텍스트에 있어서도 해가 지는 횟수가 달라져 있다. 이러한 차이는 당시 미숙한 기술로 인하여 미국판을 놓고 덧칠, 윤색, 가필하는 과정에서 생긴 변화로 보인다. 새로 출판된 폴리오 판은 새로운 기술에 힘입어 작가의 그림과 거의 동일한 그림과 내용을 복원했으므로 "생텍스 및 어린 왕자와의 새로운 관계의 시작"이라는 평을 받는다.

감옥 속에 갇힌 어린 왕자 복장의 자화상.
종이에 잉크.

"이 행성에서 나는 무엇을 해야 할까?
사람들은 나를 원하지 않나?
나 역시 그들을 원하진 않지만……
슬픔, 슬픔, 그런 건 결코 원하지 않는데……"

꽃이 핀 화단 위에 있는 어린 왕자.
종이에 잉크.

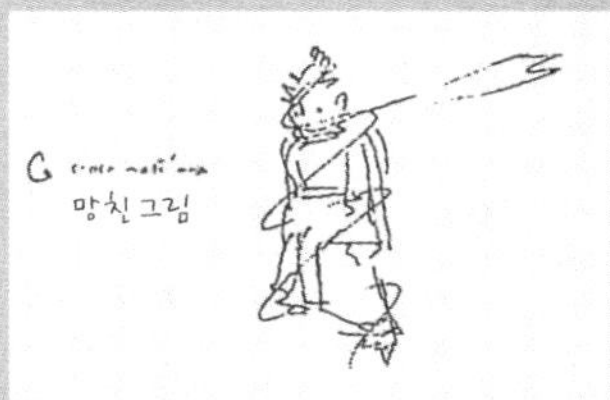

머플러를 두른 채 서 있는 어린 왕자.
종이에 잉크.

"나는 정말 데생을 못하는군. 삼천 개 중에서
골라내야 해. 그런데 이것마저 망치다니!"

머플러를 두른 채 서 있는 어린 왕자.
종이에 잉크.

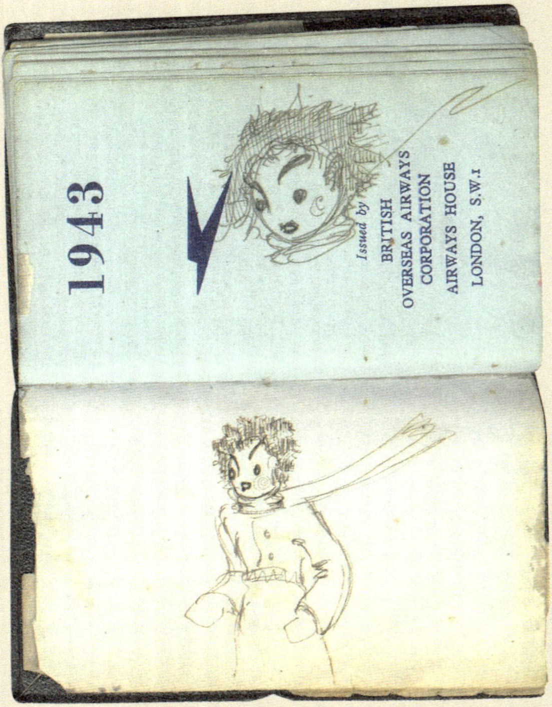

머플러를 바람에 날리는 두 명의 어린 왕자.
브리티시 오버씨 항공사 수첩에 잉크.

머플러를 바람에 날리는 어린 왕자.
브리티시 오버씨 항공사 수첩에 잉크.

2. 생텍쥐페리와 미국

1926년, 새내기 조종사 앙투안 생텍쥐페리는 파리의 단명한 문예지 『르 나비르 다르장』에 단편 「비행사」를 발표하면서 문단에 데뷔했다. 이것이 계기가 되어 1928년 앙드레 지드의 소개로 우편기 개척시대의 이야기를 쓴 첫 소설 『남방 우편기』를 갈리마르 출판사에서 펴내고 장차 쓰게 될 일곱 권의 작품에 대한 계약서에 서명한다. 여기에는 미완으로 남은 『성채』도 포함된다(이 계약상의 문제 때문에 『어린 왕자』의 미국판과 프랑스판은 그 출판시점, 내용, 법적 지위상의 차이를 보이게 되었다). 1930년, 아르헨티나의 부에노스아이레스에서 아에로포스탈 사의 지점장으로 일하던 중 남아메리카 저명작가의 미망인 콘수엘로 순신을 만나 칠 개월 만인 1931년 4월에 결혼한다. 그는 같은 해 지드의 서문과 함께 야심작 『야간비행』을 발표하여 일약 페미나 상을 수상한다.

그리고 칠 년 뒤인 1938년 그는 자가용 '시문'기를 타고 뉴욕-마젤란 군도의 티에라 델 푸에고 사이의 장거리 비행 기록을 시도하지만 과테말라에서 추락하여 심각한 부상을 입는다. 비행기록을 세울 출발점으로 2월, 비행기 추락으로 인한 부상의 치료를 위하여 3월 하순, 이렇게 두 번 뉴욕에 체류한 바 있는 그는 이듬해에 다시 뉴욕으로 가게 된다. 1939년 2월, 『인간의 대지』를 발표하자 이 책은 사 개월 뒤 미국에서 '바람과 모래와 별' 이라는 제목으로 번역 출판되었고, 즉시 '이달의 책' 으로 선정되는가 하면 뒤이어 내셔널 북 어워드를 수상하여 선풍적인 인기를 불러일으키며 베스트셀러가 되었던 것이다. 같은 책이 프랑스에서는 아카데미 프랑세즈 소설 대상을 받았으니 그는 대서양의 이쪽 저쪽에서 유명한 작가가 되었다. 그러나 불과 삼 개월 뒤인 9월 2차 대전이 발발했다.

그 짧은 삼 개월 동안 그는 미국을 두 번이나 왕복한다. 7월 5일, 대서양 항로 개척 시절의 동지인 비행사 기요메가 북대서양 횡단 기록의 갱신을 시도하자 그는 같은 비행기에 옵서버 자격으로 동승하는 데 성공하여 미국으로 간다. 불과 열흘 전에 번역

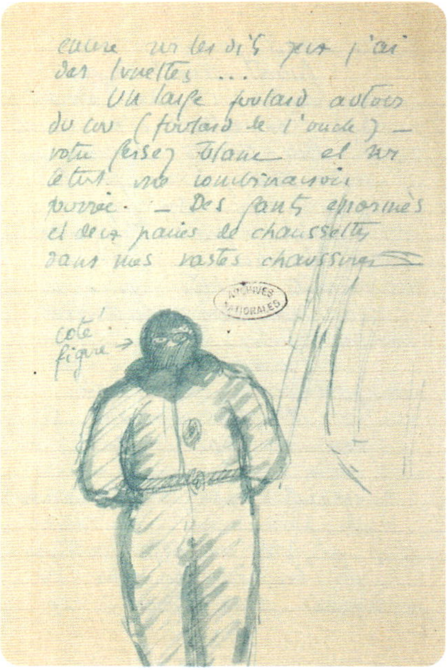

1921년 카사블랑카 — 생텍쥐페리는 카사블랑카에서 견습비행사로 있었다.

"사랑하는 어머니, 아침에 절 보셨다면 에스키모처럼
옷을 몸에 꽁꽁 두른 채 코끼리처럼 덩치가 커져 있는 모습에 웃음을 터뜨리셨을 겁니다……
저는 복면처럼 생긴, 눈만 뚫린 방한모를 쓰고 있어요.
그리고 안경까지 썼고요. 목엔 커다란 머플러(삼촌의 머플러)를 하고,
어머니가 준 흰색 저지를 입고, 그 위에 모피를 덧대서 만든,
위아래가 연결된 옷을 입었지요. 커다란 장갑을 끼고, 양말을 신고 커다란 신발을 신었고요."

어머니에게 보내는 편지. 비행기 스케치 앞에서 비행복을 입고 있는 자화상.
리넨에 터키색 잉크.

된 『인간의 대지』의 번역판이 진열된 뉴욕의 서점들을 흐뭇한 심정으로 둘러본 다음 그는 일주일 뒤 귀국하는 기요메의 비행기에 다시 동승한다. 기요메는 마침 불어오는 남서풍을 타고 기항지에 착륙하지 않은 채 이십팔 시간 연속비행, 대서양을 횡단하여 또다시 새로운 기록을 세우며 프랑스로 돌아온다. 귀국한 지 보름 뒤인 7월 29일 생텍쥐페리는 다시 여객선 '노르망디' 호를 타고 미국으로 떠난다. 이번에는 베스트셀러가 된 『바람과 모래와 별』의 서점 사인회, 인터뷰, 강연을 위하여 초청받은 여행. 그가 떠나는 여객선 머리 위로는 동료 기요메의 비행기가 호위비행을 한 다음 낮게 내려와 신호를 하고 돌아갔다. 그것이 기요메의 마지막 작별인사가 되고 말았다. 이십이 일간의 미국체류 끝에 전쟁이 임박했음을 예감한 생텍스는 8월 20일 '일 드 프랑스' 호를 타고 서둘러 귀국했다.

1939년 9월 3일, 마침내 프랑스가 전쟁에 가담하면서 예비역 공군 장교인 그는 툴루즈 기지로 출두하라는 명령을 받는다. 공군 대위로 복귀한 생텍쥐페리는 신체검사 결과 사십 세에 가까운 연령과 지난날 추락사고의 여파로 좌반신의 움직임이 자유롭지 못하다는 이유로 전투기 조종 불가 판정을 받는다. 그러나 그는 공군 장성, 공군 장관 등의 인사들에게 청을 넣어 전투기 조종사가 되고자 했고, 결국 그해 12월부터 1940년 7월까지 정찰과 고공촬영 임무를 맡은 2/33전투비행 중대에 배속되어 아라스 정찰 등 중요 임무를 수행한다. 비행중대에서 고참 장교 계급, 연령상의 큰 차이, 인기 작가로서의 명성 등에 아랑곳하지 않고 그는 젊은 동료들과 함께 최악의 조건을 말없이 견디어낸다.

1940년 그 "이상한 전쟁"이 휴전으로 마감되자 7월에 전역했지만 그는 드골의 자유 프랑스 진영에 선뜻 가담할 수가 없는 입장이었다. 여전히 북아프리카 기지에서 1943년까지 비시 정권을 위해 봉사하게 되는 2/33중대 조종사들에 대한 동지애, 타고난 평화주의, 두 번에 걸친 나치 독일 방문의 충격적 경험, 작가 특유의 반(反)순응주의와 관련하여 자신을 프랑스 그 자체라고 착각하는 드골의 과대망상에 대한 불신, 스페인 내란의 경험을 통해 목격한 어린이들의 고통과 죽음, 그리고 왕정을 지지해온 가문의 전통, 천주교를 대신할 만한 전통적 정치에의 확신을 찾지 못한 채 자신의 입장 정리를 위한 암중모색, 동족상잔에 대한 두려움에 더하여 비시 정권의 선전에 속아 프랑스가 대독 전쟁을 치를 능력이 없다고 판단한 나머지 그는 항쟁을 계속하려는 드골의 자유 프랑스를 거부하고 프랑스의 승리를 위해서는 미국의 개입과 도움이 절대로 필요하다고 확신한다.

8월 5일, 생텍쥐페리는 어머니가 와 있는 아게의 누이 집에 정착하여 마지막 노작인 『성채』 집필에 몰두한다. 그러나 10월

24일, 페탱 원수와 히틀러 간의 회담 후 많은 프랑스 지식인들은 선택의 갈림길에 선다. 그는 자유지역으로 돌아와 쥐라 지방의 생트 아무르에 머물고 있는 친구 레옹 베르트[2]를 찾아간다. 비시 정권의 반 유대정책 발표로 유대인인 레옹 베르트는 전쟁 동안 줄곧 숨어 지낼 수밖에 없는 처지였는데, 그 역시 미국의 개입만이 프랑스를 구할 수 있다는 생각에 생텍스에게 미국행을 권유했다. 한편 앙드레 지드, 앙드레 말로 역시 미국 개입을 기다리는 쪽을 선택하고 있었다. 또한 미국의 출판사와 번역자 쪽에서도 인기 절정인 『바람과 모래와 별』을 위한 강연과 인터뷰를 강력하게 권유하는 한편 프랑스의 전쟁에 관한 책의 집필을 간절하게 요청하고 있었다. 그는 마침내 미국으로 떠나기로 결심하고 남불 그라스 뒤쪽 언덕의 카브리스 마을에 있는 어머니를 마지막으로 방문하고 전쟁뉴스를 전해줄 휴대용 라디오를 선물한다.

2) 생택쥐페리가 『어린 왕자』를 헌정한 레옹 베르트는 1878년 2월 17일 보주 지방 르미르몽 출생으로 생텍스보다 스물두 살이 더 많은 친구다. 1896년 파리의 명문 앙리 4세 고등학교 시절 전국 철학 콩쿠르에서 수석을 차지할 정도로 명민한 인물로 반순응주의의 표본이다. 1913년에 소설 『하얀 집』을 발표했다. 생텍쥐페리는 르네 들랑주를 통해서 1935년에야 그를 처음 만났지만 만나는 즉시 두 사람은 나이와 철학적 입장을 초월하여 둘도 없는 친구가 되었다. 유대인인 그는 2차 대전 동안 스위스 국경 근처 쥐라 지방의 생트 아무르에 은신하여 지냈고 종전 후 파리로 돌아와 칩거하며 『일기』를 써서 발표했다. 1955년 칠십칠 세로 사망했다. 『내가 아는 생텍쥐페리 Saint-Exupéry, tel que je l'ai connu』(Seuil, 1950)라는 짧은 회고록을 남겼다.

기자, 비평가, 소설가인 레옹 베르트는 1931년에 처음으로
생텍쥐페리를 알게 되어 가장 절친한 친구가 되었다.
작가는 그에게 『어떤 볼모에게 보내는 편지』와 『어린 왕자』를 헌정했다.

*"보고 싶은 레옹 베르트.
나는 정찰비행을 위해 전선으로 떠나(2/33비행중대 우편구역 897).
나는 피를 별로 좋아하지 않으니까 폭격보다는 정찰이 차라리 나아.
출동 직전에 당신들을 못 만난 것이 유감이야……
내일 당신들 집에서 식사해.
마리안느 집 문을 열 때마다 가슴이 덜컥해. 난 만족이야.
그리운 레옹 베르트 그리고 쉬잔, 당신들에게 진심으로 키스하며
A."*

레옹 베르트에게 보내는 편지. 꽃 핀 화단의 인물.
종이에 잉크.

Cher Léon Werth,

Je pars pour le front (Groupe aérien 2/33 secteur postal 897) dans la grande reconnaissance. J'aime mieux ça que le bombardement, étant peu sanguinaire. Je regrette bien de ne pas manquer pour être veilleur. Tant pis...

On répète chez moi demain.

J'ai vu chez un coin chaque jour un jouet charmant — et je suis bien content.

Cher Léon Werth et chère Suzanne je vous embrasse de tout mon cœur

A.

그들 모자는 그뒤 다시는 서로 만나지 못하게 되므로 그것은 마지막 선물이 되었다.

11월 5일, 과거의 비판적 취재활동 경력 때문에 그는 파시스트 스페인을 통과할 수 없으므로 모로코를 거쳐 리스본으로 간다. 16일 리스본 도착 며칠 후 영국 비행기로 오인한 이탈리아 전투기에 추격당하여 지중해 상공에서 산화한 옛 동료 비행사 기요메의 사망 소식을 접한다. 우울한 마음으로 유럽을 떠나 12월 31일 뉴욕에 도착하면서 이십팔 개월간의 망명자 생활이 시작된다. 언제나 마음을 따뜻하게 감싸주던 어머니, 그리고 아내와의 접촉이 끊어진 그는 기본적 안정감을 상실한 상태에서 부유하는 삶을 살아간다. 한편 비시 정부에서는 엉뚱하게도 그를 국가위원회 위원으로 임명한다. 그는 공개적으로 거부의사를 표명했지만 드골 파 사람들은 그를 배신자 혹은 비겁자로 의심하려 든다. 그의 책을 번역한 갈랑티에르에 따르면 그 어느 쪽에도 가담하지 않는 중립적 태도나 망명생활이라면 생텍스만큼 부적합한 인물도 없다. 그는 미국에서 한시도 행복을 느끼지 못한다.

그의 관심은 정치적인 쪽보다 특히 개인적인 일들에 쏠렸다. 처음에는 일 개월 내에 귀국할 생각이었으나 차츰 포기할 수밖에 없는 처지가 된다. 미국에서 인기 작가가 되어 생활이 비교적 윤택해진데다가 막상 뚜렷한 입장을 세워 설 자리를 찾는 것이

쉽지 않았고 현실에 참여할 마땅한 기회도 주어지지 않았다. 그는 프랑스 땅에 두고 온 아내 콘수엘로를 미국으로 데려오려고 노력하는 한편 출판사로부터 아라스 전투에 관한 책을 쓸 것을 종용당한다.

1941년 2월, 그는 미국 도착 후 묵고 있었던 뉴욕의 리츠칼튼 호텔을 떠나 센트럴파크 사우스 240번지 27층 아파트로 이사한다. 미국 체류가 장기화되었음에도 그는 영어를 배우기를 거부한다. 작가로서 모국어의 순수성이 훼손된다는 것이 그가 내세운 이유였다. 대신 파리 미술학교 시절의 친구인 화가 베르나르 라모트와 함께 음반에 녹음이 가능한 딕타폰을 구입하여 보다 쉬운 글쓰기의 방법을 강구해본다. 그가 딕타폰에 목소리를 녹음하면 다른 사람이 그 내용을 타자하여 원고를 만드는 방법이었다.

그는 1941년 7월, 미국으로 올 때 여객선에서 같은 선실을 사용하며 알게 된 영화감독 장 르누아르의 초청을 받아 할리우드로 간다. 그의 저서 『인간의 대지』의 영화화를 위하여 상의할 필요가 있었기 때문이다. 그러나 1923년 부르제 공항 추락사고 때 입은 두개골 골절의 후유증인 듯, 그곳에서 사십일 도에 이르는 열병에 걸려 로스앤젤레스 병원에 입원하는 신세가 되고 만다. 그러나 병은 그에게 전화위복의 기회가 된다. "병석에 눕는다는 것은 기막힌 행운이다. 나에게 광대함의 감정은 은하수나 하늘이나 대양에서 오는 것이 아니라 내가 앓아누운 어머니의 집 작은 침상에서 왔다. (……) 감기에 걸려 누우면 무한한 대양을 차지하게 된다"라고 그는 말했다. 그는 병상에서 어린 시절의 추억들로부터 순진무구한 힘을 길어낸다. 머리말에는 오직 안데르센의 동화집만 두고 읽었다. 다섯 살 때 그가 처음으로 다 읽은 것이 바로 그 책이었다. 프랑스 출신 배우로 타이론 파워의 아내인 아나벨라는 당시 그의 병문안을 갔다가 이를 직접 목격했다고 증언했다.

생텍스가 쓴 책들을 읽어보면 그는 비참해질 때마다 어린 시절에서 위안을 찾기 위하여 과거 속으로 숨어들기를 좋아한다는 것을 알 수 있다. 1941년 여름 동안 로스앤젤레스 병원에 입원하여 육체적 심리적으로 가장 위축되어 있을 때는 그 전형적인 예라고 할 수 있다. 『어린 왕자』가 착상되는 발화점은 아마도 이렇게 마음 기댈 곳 없는 타관의 병실에서 맛본 심한 고독의 순간에서 찾아야 할 것이다. 그에게 병은 항상 지하수처럼 깊이 숨어 흐르는 내적 자아의 수맥에 닿는 기회이기 때문이다.

3. '어린 왕자'의 탄생

『어린 왕자』는 글로 쓴 '이야기'가 저자의 독특한 '그림'과 하나의 유기적인 전체를 이루고 있다는 점이 그 특징인 동시에 매력이다. 이야기는 "맹수를 꿀꺽 집어삼키는 보아구렁이 그림"으로 시작되고 있다. 그리고 화자는 서두에서 자신이 "여섯 살 적에 이미 어른들 때문에 화가의 꿈을 접어버린" 사실을 고백하고 있다. 한때 파리 미술학교 건축과에 청강생으로 등록한 적이 있는 생텍쥐페리 자신도 가까운 사람들에게 자기는 그림에 소질이 없다고 겸손해했지만 이미 어린 시절부터 글이나 편지의 여백에 수많은 그림과 희화적인 낙서들을 그려넣기를 즐겨했으며 장식

수채화가로서 자녀들의 미술교육에 관심이 많았던 어머니의 뜻을 만족시켜주지 못한 것을 늘 아쉬워했다.

2006년 갈리마르 출판사가 펴낸 방대한 생텍쥐페리 『데생집』[3]에서 편집자 알방 스리지에는 이렇게 설명한다. "사실 데생은 생텍쥐페리가 가장 즐겨 했던 심심풀이의 하나였다. 별다른 야심이 없어 보이는 하찮은 모습으로나마, 저마다의 내면에 깊숙이 묻혀 있는 경이로운 그 무엇을 겉으로 드러나게 하는 그런 심심풀이 말이다. 그리하여 데생은 그의 우화의 가장 귀중한 보조물이 되어 사물과 존재들에 던지는 순진한 시선, 내면적인 울림이 풍부한 진정한 시선을 억압하는 모든 것으로부터 우리들 저마다가 해방될 것을 권유하는 것이다. 이 책에 한데 모아놓은 생텍쥐페리의 수많은 데생들에서 우리가 발견하게 되는 것은 바로 이런 시선의 자질이다. 어린 왕자에게 구체적인 얼굴을 부여하기 이전에 작가는 이미 무수한 종이들에 수많은 그림들을 그려놓았었다. 거기에는 합성된 획으로 그려진 어리거나 젊은 인물이 대개는 꽃 핀 언덕이나 나비가 날아다니는 꽃밭에서 먼 곳을 바라보고 있는 것이었다. 이 그림들을 보면 생텍스가 이

3) Antoine de Saint-Exupéry, *Dessins-aquoirelles, pastels, plumes et crayons*(Gallimard, 2006). 같은 출판사에서 출판한 '폴리오' 문고판 『어린 왕자』에는 이 『데생집』에서 발췌한, *Naissance d'un prince, Dessins d' Antoine de Saint-Exupéry*(Folio, Gallimard, 2006)가 하나의 케이스에 함께 들어 있다.

인물을 주인공으로 한 이야기를 생각해내기 이전에 이미 어린 왕자는 태어났다는 사실을 알 수 있다. (……) 그는 우선 자신의 글과 어울리는 군더더기 없고 소박한 방식으로 지극히 순정한 획을 긋고자 하고(이것이 생텍스 식의 '깨끗한 선'이다) 태도, 물건, 배경의 진실성을 모색한다(가까운 사람들, 자기가 지니고 있는 물건이나 장난감들을 모델로 삼았지만 추억에 호소하기도 했다). 다른 인물들과 그들의 '우스꽝스런 면'을 실감나게 할 때는 캐리커처의 경향을 보이기도 한다. 이처럼 어린 왕자는 바로 생텍쥐페리의 아이요 그의 잉크와 수채와 눈물이 한데 섞인 아들이다."

어린 왕자는 작가가 친구들에게 보낸 편지 속에도 그 어렴풋한 모습을 드러내고 있다. 1930년 안데스 산맥에서 실종되었다가 살아 돌아온 친구 기요메에게 카사블랑카에서 보낸 편지에는 어떤 산꼭대기에서 뒷모습을 보이고 돌아서 있는 고독하고 어쩔 줄 몰라하는 한 인물을 그려넣고 이렇게 쓴다. "기요메, 이 친구야. 위의 그림을 보면 내가 자네의 도착을 얼마나 초조하게 기다리고 있는지 알걸세. 내가 지평선을 응시하고 서 있는 이 모래언덕에서 사람들은 절대로 나를 끌어내리지 못할 거야. 또한 아래에 그린 그림을 보면 내가 자네에게 얼마나 열정적으로 편지를 쓰고 있는지를 알 거야. 나는 엉망으로 어질러놓은 방 안 정리도

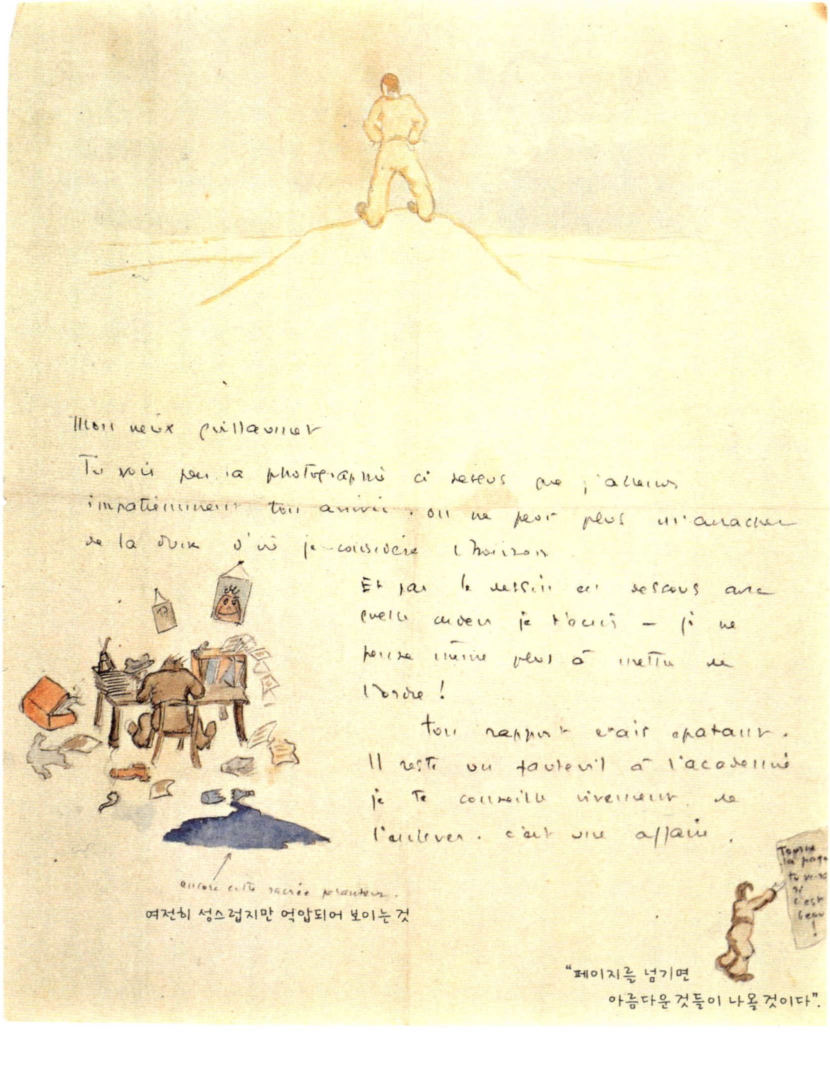
Mon vieux Guillaumet

Tu vois par la photographie ci dessus que j'attends impatiemment ton arrivée. On ne peut plus m'arracher de la dune d'où je considère l'horizon

Et par le dessin ci dessous avec quelle ardeur je t'écris — je ne pense même plus à mettre de l'ordre !

Ton rapport était épatant. Il reste un fauteuil à l'académie je te conseille vivement de l'enlever. C'est une affaire.

여전히 성스럽지만 억압되어 보이는 것

"페이지를 넘기면 아름다운 것들이 나올 것이다".

1932년 여름 아에로포스탈 아르헨티나 회사가 없어지자
생텍쥐페리는 카사블랑카-다카르 항로에 투입되었다.
앙리 기요메는 여러 해 전부터 같은 항로에서 일하는 동료 비행사였다.

*"기요메, 이 친구야. 위의 그림을 보면 내가 자네의 도착을
얼마나 초조하게 기다리고 있는지 알걸세.
내가 지평선을 응시하고 서 있는 이 모래언덕에서 사람들은 절대로 나를
끌어내리지 못할 거야. 또한 아래에 그린 그림을 보면 내가 자네에게
얼마나 열정적으로 편지를 쓰고 있는지를 알 거야.
나는 엉망으로 어질러놓은 방 안 정리도 할 사이가 없어!"*

**앙리 기요메(1902~1940)에게 보낸 편지. 등을 돌리고 앉아 글을 쓰는 자화상.
종이에 잉크, 수채, 색연필.**

할 사이가 없어!"[4]

한 작가의 삶에 있어서 무수히 떠오르게 되는 어렴풋한 생각들이 어느 순간에 무슨 이유로 수정과도 같이 단단하게 결정되어 어떤 책의 핵심을 이루게 되는지를 정확하게 알아내기란 매우 어렵다. 그러나 『어린 왕자』의 구체적인 착안과 집필 및 그림을 완성해가는 과정에 대해서는 비교적 자세한 증언들이 전해지고 있다. 생텍쥐페리의 문학적 유산 상속자인 올리비에 다게는 이렇게 단언한다. "『어린 왕자』는 1942년 미국 어린이들을 위한 크리스마스 선물용으로 주문 생산된 작품이다. 생텍스가 그때 미국에 있지 않았다면, 그리고 그의 출판사, 에이전트, 번역자가 강권하지 않았다면 결코 이 작품을 쓰지 않았을 것이다. 그에게 있어서 『어린 왕자』는 그림과 함께 일종의 기분전환과 자신의 생각을 숨겨서 표현할 수 있는 감정발산의 기회였다."

이와 관련하여 우리는 1942년 뉴욕에 체류하는 생텍쥐페리의 상황을 좀더 자세히 살펴볼 필요가 있다. 그는 이른바 자신의 영혼 속에서 '연금술'이 작동하지 않고는 글을 쓸 수 없다고 변명을 하곤 했지만 이제는 출판사와 약속한 『전시 조종사』의 탈고를 더이상 뒤로 미룰 수 없는 처지가 되었다. 우선 유럽의 전투에 복

4) 같은 책, 347쪽.

서 있는 어린 왕자.
막스 젤레를 위해 그린 데생. 종이에 연필.

귀할 가능성이 희박해지는 한편 문학적 성공에 따르는 안락과 명성을 포기하기 어려워지자 그는 1941년 11월, 남프랑스 오페드에 머물고 있던 아내 콘수엘로를 마침내 미국으로 오게 하고 개인교사를 불러 영어를 배우기 시작한다. 이것은 그의 생활의 무게중심이 당분간 미국으로 옮겨지는 것을 의미한다. 곡절 많던 부부생활을 외국에서 다시 시작하면서 그는 콘수엘로에 대하여 '책임'을 느낀다. 이 '책임'은 장차 『어린 왕자』의 중요한 주제들 중 하나가 된다. 그는 마치 말을 잘 듣지 않는 아이를 불안한 마음으로 과보호하는 아버지의 입장이 된 것이다.

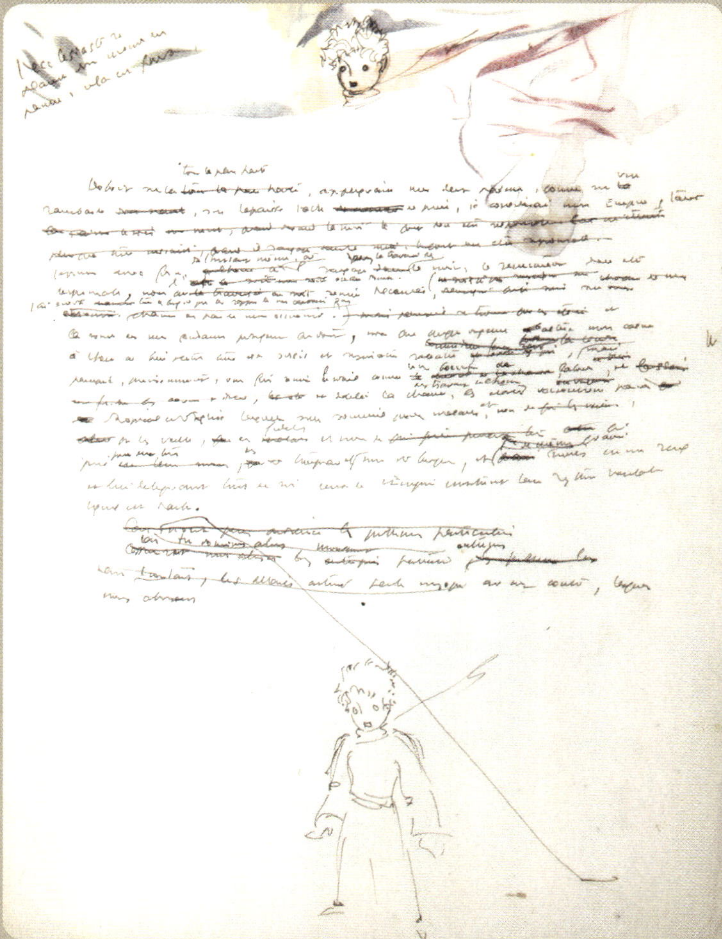

두 명의 어린 왕자. 그중 한 명은 머플러를 하고 서 있다.
종이에 잉크와 수채물감.

한편 12월 7일, 진주만 폭격으로 인하여 미국이 전쟁에 개입함으로써 생텍쥐페리의 오랜 희망이 성취되었다. 이리하여 전투의 현실적 조건에 관한 작품은 강한 메시지를 가지게 되었다. 1942년 2월 20일, 마침내 그의 소설 『전시 조종사』가 뉴욕의 라 메종 프랑세즈(프랑스 문화원)에서 불어로 출간되고 영어 번역판 『아라스로의 비행Flight to Arras』이 파리 미술학교 시절의 친구 베르나르 라모트의 삽화와 함께 레이날 & 히치콕 출판사에서 나와 대대적 성공을 거둔다. 이 책은 구 개월 뒤 프랑스 갈리마르에서 다시 출판되었지만 "히틀러는 바보다"라는 문장을 삭제했음에도 불구하고 독일 당국의 요청에 따라 판매금지되었다.

당시 생텍스 부부와 많은 시간을 같이 보내곤 했던 스위스 출신 작가 드니 드 루주몽은 후일 그의 『일기』에서 매우 자세한 내용의 증언을 남겼다. 『어린 왕자』 역시 1942년 말 뉴욕에서 집필되었다. 어린아이들을 위한 콩트를 쓰겠다는 생각은 원래 생텍쥐페리의 착안이 아니었다. 그해 초, 뉴욕의 어떤 식당에서 점심식사중에 모든 것은 시작되었다. 생텍스가 흰 냅킨에다가 장난삼아 그림을 끼적거리는 것을 본 보이가 눈썹을 찡그리며 유심히 들여다보자 그의 책을 출판하는 커티스 히치콕이 무엇을 그리느냐고 물었다. "별거 아네요. 마음속에 담아가지고 다니는 한 어린 녀석이지요" 하고 그가 대답했다. 히치콕은 그 어린아이 그

날개 단 어린 왕자.
별이 있는 행성에 서 있는 모습.
줄이 쳐진 노트에 잉크.

림을 좀더 자세히 들여다보더니 그에게 말했다. "이 어린 녀석 말예요, 이 아이의 이야기를 쓰면 어떨까요? 어린이용 책으로 말입니다. 1942년 크리스마스 이전에 책을 낼 수 있다면 좋을 것 같은데요." 생텍스는 그 말에 별로 신경을 쓰지 않았다. 그는 자기가 전업작가라고 생각하지 않았고 더군다나 어린이책을 쓸 생각은 별로 없었다. 그러나 그 제안은 점차 무르익었고 출판인은 점점 더 구체적으로 권했다. 어린이들의 계절인 크리스마스 축제를 위한 어린이책? 그는 한 번도 참다운 어린 시절을 가졌던 것 같지 않았다. 진짜 경험이 없었다면 상상의 어린이를 만들어

머플러를 두른 채
행성 위에 서 있는 어린 왕자.
종이에 연필.

내면 어떨까?

그리고 며칠 뒤 생텍스는 친구인 레옹 윈체슬라스에게 말했다. "날보고 어린이책을 써보래요. 나를 문방구에 좀 데려다주겠소? 색연필을 좀 사야겠어요." 색연필을 잔뜩 사자 그는 아직 형태가 불분명한 자기 생각을 고정시키기 위해서 몇 가지 데생 연습을 했다. 그후 그는 『전시 조종사』의 삽화를 그린 베르나르 라모트의 도움을 청했다. 라모트가 몇 가지 견본을 그려 보였으나 생텍스의 마음에 들지 않았다. 그가 찾고 있는 그 꿈꾸는 듯한 분위기와 순진 소박함이 느껴지지 않는 것이었다. 그는 날이 갈수

머플러를 두른 어린 왕자.
마리 시뉴 클로델을 위해 그린 데생. 종이에 연필.

록 콩트에 몰입했다. 그는 글뿐만 아니라 그림도 자신이 그려야 한다는 것을 깨달았다. 어느 날 바오밥나무가 뿌리로 그 작은 별을 온통 다 움켜쥐고 있는 그림을 그리느라 밤을 새우고 나서 그는 그 그림을 조금도 수정하지 않으려고 버티었다. "이봐, 여기를 좀더 바로잡아야 하고 저기는 좀더 악센트를 줘야겠어" 하고 라모트가 권했지만 그는 대답했다. "그건 안 돼. 이 그림은 기적이야. 글이라면 수정할 용의가 있어. 하지만 그림은 이보다 더 잘 그릴 자신이 없어. 이건 기적이라고." 그에게 영어를 가르쳐주러 오는 가정교사 아델 브로는 올 때마다 수채화 물감 튜브들과 물

바람에 머플러를 날리며
서 있는 어린 왕자.
종이에 잉크.

잔에 담긴 붓들, 그리고 채색한 그림들이 그려진 종이를 잔뜩 늘어놓고 있는 생텍스를 볼 수 있었다.

"저녁마다 그는 우리에게 커다란 책의 몇 대목을 읽어주면서 우리에게 자신의 유작을 읽어주겠다고 했다. 내 생각엔 그가 쓴 작품 중에서 이것이 가장 좋다. 나는 밤늦게 기운이 다 빠져서 방으로 쉬러 가지만 그는 내 방까지 따라 들어와서 줄담배를 피우며 열띤 말투로 이런저런 잡담을 한다. 그는 생각하기를 멈출 수 없는 뇌를 가진 것 같다." 드니 드 루주몽의 증언이다. 이런 작업들은 당시 생텍스를 엄습해오던 비관주의에서 빠져나갈 통로가

내 모든 우정을 다 바쳐 테레즈 봉에게,
이 황홀한 마법수첩이 내게 영감을 주길 바라며,
앙투안 드 생텍쥐페리.

날개를 달고 구름을 타고 행성 위를 날고 있는 인물.
수첩에 잉크.

되었다. 그는 그림작업을 해나가면서 늘 생각하던 철학과 삶의 방식을 담을 이야기를 구상한다.

생텍쥐페리 부부는 1942년 여름을 롱아일랜드에서 보낸다. 뉴욕에서 기차로 약 사십오 분, 노스 포트 근처의 이튼 네크에서 식민지풍의 하얀 삼층집 '베빈하우스'를 발견한 것은 콘수엘로였다. 거대한 장원인 이 저택은 작가가 어린 시절을 보낸 생 모리스 드 레망 성을 닮은 데가 없지 않았다. 『야간비행』의 애독자라는 집 주인이 세를 주어서 이들 부부는 오랜만에 평화로운 나날을 보내게 된다. 프랑스와 미국에서 생텍스가 바람을 피우던 때에 가깝게 지냈던 탕기, 막스 에른스트, 마송, 달리, 니콜라 드 스탈, 케셀, 말로, 로제 카이유아 같은 초현실주의자들과는 이제 거리가 멀어졌다. 부부는, 특히 콘수엘로는 그 동안 잃어버렸던 부부간의 사랑과 평화로운 생활을 되찾는다.

노스 포트의 집은 '어린 왕자'의 집이 되었다. 그곳에서 그는 이미 써놓은 어린 왕자 이야기의 삽화를 그렸다. 시간이 흐를수록 꼬마는 어느새 더벅머리의 귀여운 소년이 되었다. 기다란 목도리가 새의 날개처럼 바람에 날아오르는 그 어린아이는 사막에서 말을 걸어왔다. 콘수엘로와 가끔 찾아오는 손님들이 모델이 되어주었다. 또 작가가 어린 시절을 보낸 생 모리스 성의 점등인 같이 어린 시절의 추억으로부터 곧바로 나온 인물도 있다. 드니

The Little Prince
Il faut être absolument fou pour avoir choisi cette planète là! Elle n'est sympathique que la nuit, quand les habitants dorment.. (le Petit Prince)
TERRE
Le Petit Prince avait tort. Il y a sur la terre des habitants dont la droiture, la gentillesse, la générosité de coeur consolent de l'avarice et de l'égoïsme des autres. Par exemple Dorothy Barclay....
Avec mon plus amical souvenir

신문기자였던 도로시 바클레이는 뉴욕 시절 생텍쥐페리의 친구였다.
그녀는 작가로부터 하늘에 있는 별의 수가 몇개로 집계되어 있는지
알려달라는 부탁을 받았었다.

풍선 속의 내용 :
"이런 별을 골라서 왔다니 내가 미쳤지!
이 별은 모든 주민이 다 잠이 든 밤이 되어야 겨우 호감 가는 인상을 주거든……"

(어린 왕자) 헌정사 :
"어린 왕자는 잘못 생각하고 있어요. 지구에는 올곧음과 너그러운 마음씨로
다른 사람들의 인색함과 이기적인 마음씨를 쓰다듬어주는 주민들이 살고 있으니까요.
가령 도로시 바클레이 같은……
내 가장 정다운 추억과 함께
앙투안 드 생텍쥐페리."

땅바닥에 꽂힌 표지판에는 '지구'라는 표시가 보인다.

목도리가 바람에 날리는, 사막의 어린 왕자.
1943년 레이날 & 히치콕 사에서 나온『The Little Prince』의 표지.
종이에 잉크와 연필, 1943.

드 루주몽은 『일기』에서 생텍스를 이렇게 묘사한다. "거구의 대머리, 귀족 분위기의 새처럼 동그란 눈, 정비사 특유의 섬세한 손가락으로 그는 작은 붓 여러 개를 어설프게 쥐고 하나라도 놓치지 않으려고 혀를 빼물고 그림 그리는 데 몰두했다. 나는 어린 왕자를 위해 배를 깔고 엎드려서 다리를 세운 포즈를 취해주었다. 꽃들 속에 엎드려 우는 어린 왕자의 이미지다. 토니오는 어린아이처럼 웃으며 말했다. '나중에 이 그림을 보여주면서 이게 나야! 라고 사람들에게 이야기해주라고요!'" 생텍스의 상상에서 곧장 튀어나온 인물들, 마음씨 좋은 수염 난 노인, 활짝 핀 꽃들, 작은 동물들이 포즈를 취해준 사람들 속에 웅크리고 있었다. 어린 왕자의 모습은 콘수엘로를 많이 닮았다. 콘수엘로의 사내아이 같은 이상한 머리 모양이라든가 바람에 휘날리는 머플러가 그랬다. 색채감각이 있었던 그녀는 남편에게 많은 조언을 해주었고 마음에 들지 않는 점이 있으면 바로바로 이야기했다. 생텍스가 화풀이로 뱀의 목에 나치 문양을 걸려고 하자 극구 말려서 떼내도록 한 사람도 그녀였다. 그녀에게는 어린 왕자의 장미처럼 정성껏 단장한 꽃잎과 가시가 있었고 화산 이야기는 화산의 땅인 그녀의 모국에서 착안한 것이었다. 무엇보다 콘수엘로는 어린 왕자가 돌아가야 할 장미였다. "네가 길들인 것에 대해서 너는 영원히 책임이 있는 거야. 너는 네 장미꽃에 대해 책임이 있어."

기자요 친구였던(아마도 한때는 연인이었을 것이다) 실비아 해밀턴에 따르면 생텍스가 책으로 쓰기 전인 1942년 초에 이미 그녀에게 어린 왕자의 이야기를 해주었다고 한다. 그녀는 책의 삽화를 전문가에게 맡기지 말고 직접 그려보라고 충고했다. 그 영향을 인정하듯 생텍스는 그녀에게 『어린 왕자』의 원고를 선물로 주었고 그녀는 훗날 원고를 뉴욕의 모건 라이브러리에 판매한다. 앞서 언급한 여배우 아나벨라 역시 생텍쥐페리가 그녀에게 『어린 왕자』의 일부를 읽어주었다고 말했다.

마침내 1943년 3월, 뉴욕에서 『어린 왕자』가 프랑스어와 영어로 출판되었다. 영어판 제목은 'The Little Prince'였다. 프랑스에서는 일단 미국 출판사와 갈리마르 사 사이의 저작권 시비가 해결된 뒤인 1945년 11월에야 책이 나왔다. 그러나 2차 대전 종전 직후의 인쇄용지 품귀현상으로 인하여 실제로 서점에 책이 배포된 것은 1946년 4월이었다. 프랑스에서 볼 수 있었던 대대적인 『어린 왕자』 육십 주년 기념 행사들은 저자 사후, 거의 이 년이나 뒤늦게 나온 프랑스어 판의 육십 년이 되는 해를 기리기 위한 것이었다.

"실비아 해밀턴에게
우정에 넘친 추억과 함께
앙투안 드 생텍쥐페리."

실비아 해밀턴에게 바친 헌사(『인간의 대지』 미국판).
『바람과 모래와 별』의 속표지. 종이에 잉크.

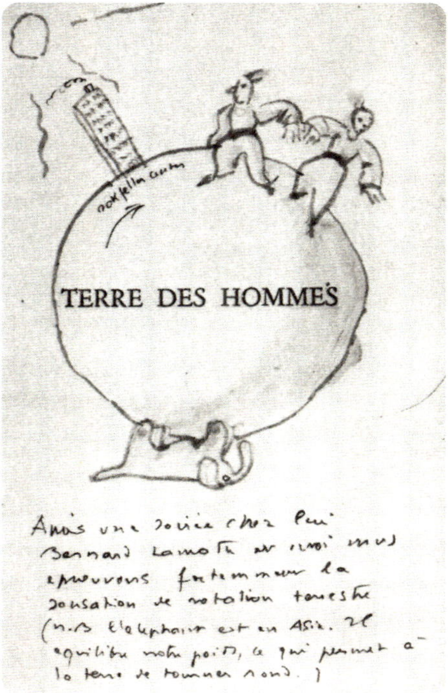

"내 평생의 친구인 베르나르 라모트에게,
언젠가 불화에 대해 내가 그럴듯한 변명을 할 수 있게 되길 바라며
(결국 나는 간을 치료할 생각이네.) 친구 앙투안 드 생텍쥐페리."

베르나르 라모트에게 바친 헌사.
록펠러센터 앞에서 손을 잡고 있는 두 사람, 그리고 코끼리가 있는 행성.
『인간의 대지』 속표지. 종이에 잉크.

4. 콘수엘로와 장미

생텍쥐페리는 훗날 아내 콘수엘로에게 보낸 편지에서 『어린 왕자』가 그녀를 위해서 쓰여졌다는 사실을 밝힌 바 있다. "알다시피 장미는 바로 당신이야. 내가 당신을 항상 돌봐주지는 못했지만 나는 늘 당신이 예쁘다고 생각했소." 또다른 편지에서 그는 『어린 왕자』를 콘수엘로의 주장에 따라 그녀에게 바치지 않고 친구 레옹 베르트에게 바친 것을 후회한다고 했다. 그래서 미국을 떠나면서 콘수엘로를 『어린 왕자』의 후속편으로 삼을 이야기의 주인공으로 삼고 그 이야기는 반드시 그녀에게 바치겠다고 약속했다. 『어린 왕자』는 물론 픽션인 만큼 작가의 실제 경험을 그대로 반영했다기보다는 훨씬 더 보편적이고 복합적인 상징성을 지닌다고 보아야 마땅하다. 그러나 오랜 이별 끝에 미국에서 재회한 그들 부부가 행복한 한때를 보내던 베빈하우스에서 창조된 이 작품이 콘수엘로와 깊은 관련이 있다는 것은 부정할 수 없다. 『어린 왕자』에는 분명 작가의 아내에 대한 화해와 사랑의 약속이 담겨 있다.

베빈하우스에 찾아와서 여러 주일을 함께 보냈던 앙드레 모루아는 자신의 일기에서 당시 사십 세의 콘수엘로가 남편에게 매우 헌신적이었다고 썼다. 그때 생텍스는 그녀에게 이런 기도문을 작성하여 암송하게 했다고 한다.

"주님, 너무 애쓰실 것 없습니다. 그저 저를 있는 그대로의 저이게 하여주십시오. 저는 작은 일에는 허영이 많아 보이지만 큰 일에는 겸손합니다. 저는 작은 일에는 이기적이지만 큰 일에는 모든 것을 심지어 목숨까지도 바칠 수 있습니다. 저는 작은 일에는 흔히 불순하지만 오직 순수함 속에서만 행복합니다.

주님, 저를 남편이 저의 마음속에서 읽어내는 여자와 늘 닮아 있게 하여주십시오.

주님, 주님, 저의 남편을 구해주십시오. 왜냐하면 그는 저를 진정으로 사랑하고 있고 그가 없으면 저는 고아나 마찬가지가 되기 때문입니다. 그러나 주님, 그이가 우리 둘 중에서 먼저 죽게 하여 주십시오. 그이는 저렇게 겉으론 단단해 보이지만 집 안에서 제가 아무 소리도 내지 않고 있으면 너무나 불안해하니 말입니다. 주여, 우선 그에게 불안을 면하게 해주소서. 제가 항상 집 안에서 소리를 내게 해주십시오. 가끔 뭔가를 깨는 일이 있더라도 말입니다. 제가 항상 일편단심이게 해주시고 그이가 싫어하고 그이를 안 좋아하는 사람들을 만나지 않게 해주십시오. 그이는 제 마음속에 삶의 둥지를 틀었으므로 그런 사람들을 만나는 것은 불운입니다. 주여, 저희 집안을 보호해주십시오. 아멘! 콘수엘로."

비슷한 무렵에 쓰여진 소설 『전시 조종사』의 제목은 그녀가 생각해낸 것이다. 당시 생텍스의 영어 가정교사 아델 브로는 어린 왕자의 노란 목도리와 옷차림에서 이내 콘수엘로의 모습을 알아보았다. 어린 왕자의 별에는 "불을 뿜는 활화산" 두 개 외에 불 꺼진 화산이 하나 더 있다. 이는 바로 화산이 많은 작은 나라 엘살바도르 출신의 콘수엘로와 무관하지 않을 것이다.

생텍쥐페리의 전기를 쓴 폴 웹스터는 이와 관련하여 명쾌한 해석을 내린 바 있다. "만약 콘수엘로가 『어린 왕자』의 장미라면 그녀의 허영 때문에 느끼는 마음의 고통, 한사코 사람들의 주목을 끌고자 하는 태도, 있지도 않은 호랑이에 대한 두려움, 바람이

들어올까봐 늘 걱정하는 조바심, 유치한 거짓말을 숨기기 위한 기침(실제로 콘수엘로는 지병인 천식 때문에 기침을 자주 했다고 한다) 등 많은 것들이 다 콘수엘로와 관련된 사실들의 암시라고 해석될 수 있다. 그의 아내는 『어린 왕자』의 초벌원고를 읽었을 것이고 거기서 별로 감추었다고 할 수 없는 남편의 비판적 시선을 당연히 알아보았을 것이다. 또한 자기 남편이 그녀의 변덕과 잘난 척하는 태도만 보고 진정한 내심을 제대로 읽어내지 못했음을 인정하는 것을 보고 감동을 받았을 것이다."

무엇보다도 『어린 왕자』의 제9장에서 주인공이 장미꽃을 남겨두고 혼자서 자신의 별을 떠나오는 과정은 당시 이들 부부가 전쟁으로 인하여 유럽과 미국으로 헤어지게 되었던 정황을 연상시킨다. 어린 왕자가 "다시는 돌아오지 못하리라는 생각"을 하면서 "철새들의 이동을 이용하여 자기의 별을 빠져나왔"다는 사실은 작가 자신이 콘수엘로를 남겨둔 채 모로코와 리스본을 거쳐 미국으로 망명하는 과정의 암시라고 읽을 수 있다. 그리고 떠나기 전에 별을 깨끗이 정돈하고, 화산이 폭발하지 않도록 잘 쑤셔주고, 바오밥나무 싹들을 뽑아주고, 꽃에 마지막으로 물을 준 다음 덮개를 덮어주는 장면은 전쟁중인 유럽에 외롭게 남아 있는 콘수엘로의 딱한 처지를 생각하게 한다.

그러나 그 동안 그들 부부의 관계는 그리 순탄한 것이 아니었다. 어린 왕자가 다른 장미꽃들을 만나게 되는 장면(제20장)은 생텍쥐페리가 결혼한 뒤 많은 다른 여성들과 지속한 애정관계들과 관련이 있다고 해석할 수도 있다. 저명한 작가요 비행사인 생텍쥐페리의 곁에는 아내 콘수엘로 못지않게 오랜 동안 서신을 주고받는 사이인 르네 드 소신느, 파리 문단과 재계에 영향력이 큰 넬리 드 보귀에, 미국의 여기자 실비아 해밀턴 등 내밀한 친분관계인 여성들이 있었고, 거기에 더하여 수많은 여성 애독자와 추종자들이 화려한 꽃밭을 이루곤 했다. 『어린 왕자』에서 우리는 그런 정황의 암시를 쉽게 발견할 수 있다. 어린 왕자는 많은 꽃들이 피어 있는 모습을 보고 "자신이 몹시 불행하게 느껴졌다". "그의 꽃은 이 세상에 자기와 같은 꽃은 하나도 없다고 늘 그에게 말했었다. 그런데 지금 이 정원 한 곳에만 똑같은 꽃이 오천 송이나 피어 있는 게 아닌가! '내 꽃이 이걸 보면 무척 속상할 거야……' 하고 어린 왕자는 생각했다. '아마 기침을 마구 해대며 창피한 꼴을 면하려고 죽는 시늉을 할지도 몰라. 그럼 나는 그를 간호해주는 척해야겠지. 그러지 않으면 내게 죄책감을 주려고 정말로 죽어버릴지도 몰라……' 그리고 어린 왕자는 이런 생각도 했다. '난 이 세상에 단 하나밖에 없는 꽃을 가진 부자인 줄만 알고 있었지. 그런데 알고 보니 내가 가진 꽃은 겨우 평범한 장미꽃이군. 그리고 기껏 무릎까지밖에 안 오는 화산 세 개. 그중 하

드레스를 입고 앉아 있는 짧은 머리의 여인(콘수엘로 드 생텍쥐페리).
종이에 연필.

나는 영영 꺼져버렸는지도 모르는데, 그 정도 가지고는 대단한 왕자가 되긴 틀렸어……' 그래서 그는 풀밭에 엎드려 울었다." 그런데 이상하게도 그의 전기 작가의 증언에 따르면 "생텍쥐페리는 아내에게 멀어지면 곧 아내에게 가까이 다가가려고 애를 썼다"고 한다. 그래서 그는 수없이 되풀이되는 별거생활중에도 문득 예고 없이 꽃다발을 들고 아내를 찾아오곤 했다.

반면에 콘수엘로는 그의 저서 『장미의 기억』에서 유명한 작가의 아내 됨에서 맛보는 어려움과 고통을 이렇게 토로하고 있다.

한 작가에게 그의 작품보다 더 개인적인 것은 이 세상에 존재하지 않았다. 그에게 젊음과 재산과 사랑을 모두 바치고, 그가 좌절한 순간에 곁을 지키며 용기를 북돋아주었을지라도 결국 그렇게 헌신했던 사람에게 돌아오는 것은 아무것도 없다…… 토니오가 강연을 하고 나면 모든 여성 청중들은 자신이 가장 좋아하는 작가, 비행 조종사이자 『야간비행』을 쓴 위대한 작가의 조언자이자 충실한 친구, 그를 이해하는 단 한 명뿐인 찬미자가 되고 싶어했다. 그 순간에 아내인 나는 고개를 빼어들고 그에게 말해야 한다. "여보, 너무 늦었어요, 집에 돌아갑시다." 게임은 끝이었다. 얼마나 심술궂고 둔한 여자란 말인가! (……) 나는 남편이 파티에 갈 때면 영화관에 가서 영화를 보며 시간을 죽인 뒤, 그를 찾으러 그의 친구

집에 가는 것이 습관이 되어버렸다. 나는 이러한 내가 무척 영리하다고 생각했다.[5]

그리하여 남편과 별거하며 파리 프롸드보 거리에 아틀리에를 얻어 남편에게 생활비를 받아가며 근근이 혼자 살고 있던 시절, 콘수엘로는 자신에게 찾아온 남편에게 마지막 남은 돈으로 샴페인을 사가지고 와 함께 마시고 나서 소리친다. "가세요. 저는 일하고 싶어요! 저는 자유롭고 싶어요. 더이상 노예 같은 구속은 참을 수가 없어요! 달마다 봉급 받는 당신의 부인이 되는 것도 그만 하고 싶어요!" 콘수엘로는 위의 책에서 이어 말한다. "그래도 나는 이 커다란 소년을 사랑했고, 이 사람은 내 남편이었다. 그도 나를 사랑하고 있었고, 나는 그것을 알고 있었다. 하지만 그는 자유로운 남편이 되기를 원했고 나는 집세와 전화요금과 식비가 필요할 때마다 그를 내 곁으로 부른 것을 후회했다. 우리는 오랫동안 키스한 뒤 샴페인잔을 들고 서로를 영원히 사랑하기로 맹세했다. 그리고 그는 내 침대에 머물렀다. (……) 새벽 다섯시에 깨어났을 때 나는 내 방에 혼자 있었다. 그는 짧은 글과 자기의 초상화를 남겼다. 자신의 손에 들려 있는 꽃으로 무엇을 해야

5) 콘수엘로 드 생텍쥐페리, 『장미의 기억』, 창해, 2000, 101~102쪽.

할지 몰라 쩔쩔매고 있는 광대 그림. 얼마 후 나는 그 꽃이 다름 아닌 나였음을 알게 되었다. 토니오가 『어린 왕자』에서 말한 거만한 꽃이었다."[6]

그러나 '장미'에 대한 직접적 해석을 넘어서 우리의 흥미를 끄는 사실은 콘수엘로에 대한 생텍스의 깊고 솔직한 사랑을 『어린 왕자』에서 알아볼 수 있다는 점이다. 그는 거기서 그녀가 없는 세상은 빛이 없는 세상이며 그들이 서로 나누어 가진 공동의 경험 때문에 자신은 항상 그녀에게 마음을 붙이고 지낼 것임을 인정한다. 장미꽃은 헤어지는 순간 자신이 어리석었음을 인정하고 용서와 행복을 빈다. "나무라는 말이 없어서" 놀라는 어린 왕자에게 꽃은 그를 사랑한다고 고백했다. "넌 도무지 그걸 눈치채지 못하더라. 내 탓이지 뭐. 아무래도 좋아. 하지만 너도 나만큼이나 어리석었어. 부디 행복해……"

6) 같은 책, 236쪽.

이에 화답하듯 어린 왕자는 이렇게 속마음을 털어놓았다. “나는 그때 아무것도 이해할 줄 몰랐던 거야! 그 꽃이 하는 말이 아니라 행동을 보고 판단했어야 하는 건데 말이야. 그 꽃은 내게 향기를 뿜어주고 마음도 환하게 해주었어. 절대로 도망을 쳐버리지는 말았어야 하는 건데! 그 꽃의 대단치 않은 심술 뒤에 애정이 숨어 있는 걸 눈치챘어야 하는 건데 그랬어. 꽃들은 앞뒤가 어긋나는 말을 너무나 잘 하니까! 하지만 난 너무 어려서 꽃을 사랑할 줄 몰랐던 거야.” 장미에게서 멀어지면 어린 왕자의 마음속 평화는 불가능해진다. 그는 여우를 만나면서 마침내 자신이 장미꽃과 서로의 ‘필요’를 통해 영원히 서로 맺어져 있다는 사실을 깨닫는다. 여우가 그에게 말해준다. “장미꽃이 그토록 소중하게 된 것은 네가 네 장미꽃을 위해서 소비한 시간 때문이야. (……) 네가 길들인 것에 대해서 너는 영원히 책임이 있는 거야. 너는 네 장미꽃에 대해 책임이 있어.”

이제 어린 왕자는 『어린 왕자』의 핵심적인 주제인 동시에 가장 중요한 진실들 중 하나를 깨달을 수 있게 되었다. “만약 누군가 수백만 수천만 개나 되는 별 중에서 단 하나밖에 없는 꽃을 사랑하고 있다면, 그 사람은 바로 그 별을 바라보는 것만으로도 마음이 행복해질 수 있는 거야. 속으로 ‘저기 어딘가에 내 꽃이 있겠지……’ 하고 생각하면서 말이야.”

5. 환유체계로서의 『어린 왕자』

그러면 문학작품으로서의 『어린 왕자』는 어떤 이야기이며 어떤 의미를 가진 이야기인가? 사실 별로 길지도 복잡하지도 않아 보이는 이 우화에 대하여 장황한 설명과 해석을 늘어놓는 것은 부질없는 일인지도 모른다. 그러나 어떤 이야기든 그것이 일정한 문학적 중요성을 가진 것이라면 가장 먼저 해야 할 일은 텍스트를 자세히 읽고 그 속에 무엇이, 어떤 방식으로 서술되어 있는가를 면밀하게 살펴보는 것일 터이다.

이 우화는 "육 년 전 어느 날", 비행기 고장으로 사하라 사막에 홀로 불시착한 비행사가 사막 한가운데서 한 어린 왕자를 만났다가 헤어진 일주일 동안의 이야기다. 만남의 과정에서 화자인 '나', 즉 비행사는 어린 왕자에 대하여 많은 것을 알게 된다. 사흘째 되는 날부터 비로소 어린 왕자가 "철새들의 이동을 이용하여" 자기의 별을 떠나왔으며, 그 별에 사랑스러우면서도 허영심이 많은 장미꽃을 남겨두고 왔다는 사실이 밝혀진다. 어린 왕자는 자신의 별을 떠난 이후 왕, 허영심에 빠진 사람, 술꾼, 사업가, 가로등 켜는 사람, 지리학자들이 사는 여섯 개의 별을 거쳐 일곱번째 별인 지구에, 그것도 인적 없는 아프리카의 사막에 도착한 것이었다.

그는 지구에서 뱀, 꽃잎이 셋뿐인 꽃, 메아리뿐인 높은 산, 장미꽃들이 만발한 정원, 여우, 철도원, 장사꾼 등을 차례로 만나 이야기를 나누거나 보았다. 그중에서 비행사 다음으로 가장 중요한 만남의 대상은 여우[7]와 뱀이다. 여우는 삶의 '비밀'과 지혜

7) 생텍쥐페리는 1928년에 다카르 항로상의 아프리카 기항지인 모로코 남부 캅쥐비 항공기지 착륙장 지점장으로 발령받는다. 해안지역의 외따로 떨어진 사막인 이 불안한 지역에서 십팔 개월 동안 보낸 경험은 『인간의 대지』 『어린 왕자』 『성채』에 깊은 흔적을 남겼다. 이 지역의 유목민인 무어 족은 프랑스에 적대적이어서 생텍스가 그곳에 임명되었을 때는 그 갈등이 극에 달하여 우편기가 자주 그들의 공격 목표가 되곤 했다. 1976년에야 스페인은 이 지역을 포기했고, 모로코가 이 지역을 통합하게 된다. 간혹 동료 비행사와 정비사들이 찾아와 잠시 쉬고 갈 뿐인 사막 한가운데에서의 고독은 그에게는 은총과도 같은 감동의 시간이었다. 이곳 사막생활에서 가장 인상 깊은 경험 중의 하나는 고양이보다 작은 사막여우 한 마리를 길들인 일이었는데, 그는 누이동생

"나는 사막여우 혹은 외로운 여우 한 마리를 키우고 있어.
고양이보다도 작은 이놈은 아주 큰 귀가 달려 있단다.
얼마나 이쁜지 몰라.
유감스럽게도 이놈은 맹수와 같은 야생동물이어서 사자처럼 달려들어."

누이동생 가브리엘에게 보낸 편지. 사막여우의 머리.
종이에 잉크. 캅쥐비 착륙장 지점장 시절.

를 가르쳐주고 치명적인 독을 가진 뱀은 어린 왕자가 지구를 떠나 자신의 별로 돌아가는 수단이 된다. 비행사는 사막에서 고장을 일으킨 지 일주일이 되는 날 남은 물의 마지막 한 방울을 다 마시고 나서 어린 왕자와 함께 우물을 찾아서 걸어간다. 해가 지고 별이 빛난다. 마침내 해가 뜰 무렵 우물을 발견한 그들은 물을 마신다. 어린 왕자가 지구에 떨어진 지 일 년이 되는 날, 그리고 비행사를 만난 지 일주일 되는 날이다. 비행사는 고장난 비행기를 다 고쳤고 어린 왕자는 노란 뱀에게 물려 쓰러진다. 어린 왕자는 자기의 별로 다시 돌아간다.

이상이 『어린 왕자』의 간단한 줄거리다. 그러나 우리가 『어린 왕자』를 읽고 감동을 받고 미적 효과를 감지하는 것은 그 줄거리의 흥미 이상으로 이 줄거리를 떠받치고 있는 어떤 특별한 서술적 장치 때문이다. 이런 시각에서 이야기의 구조를 보다 더 자세히 뜯어보면 우리는 『어린 왕자』가 비교적 단순하지만 정교한 환유(換喩, metonymie)의 연쇄로 이루어져 있다는 사실을 알 수

가브리엘에게 그림을 곁들인 편지로 이 동물을 소개했다. 그는 이 여우를 길들이기 위하여 여러 시간을 보냈다. 귀가 매우 커다란 이 동물은 매우 사납고 공격적이었다. 이로부터 십오 년 뒤 이 사막여우는 『어린 왕자』에 귀가 길고 뾰족한 모습으로 다시 등장하여 어린 왕자에게 가장 중요한 지혜를 가르쳐준다. "네가 나를 길들인다면 우리는 서로를 필요로 하게 되는 거야. 너는 내게 이 세상에서 하나밖에 없는 존재가 되는 거야. 난 네게 이 세상에서 하나밖에 없는 존재가 될 거고……" 1935년 리비아 사막에 불시착했을 때도 이 예외적인 친화관계는 다시 출현한다.(웹스터 전기 114쪽 참조)

있다.

환유란 무엇인가? 수사학에서 흔히 말하는 '환유'는 하나의 현실 A를 가리키는 낱말이 실제로든 생각으로든 인접성, 공존성, 의존성의 상관관계에 의하여 현실 B를 대신할 때 그 관계의 비유방식을 두고 하는 말이다. 이때 A와 B는 눈에 보이는 것과 눈에 보이지 않는 것, 그릇과 내용물, 장소와 그 장소에 위치한 사물이나 존재, 육체와 정신, 원인과 효과, 전체와 부분 등일 수 있다. 구체적인 예를 들어보자. '오늘 저녁에 우리 한잔 합시다'라고 했을 때 한 '잔'은 그릇인데 실제로 의미하는 것은 그 그릇 속에 담긴 '술'이다. '백악관은 이라크 파병을 결정했다'라고 했을 때 '백악관'은 장소인데 실제로 의미하는 것은 그 장소에서 거주하며 일하는 존재인 '미국 대통령'이다. '고픈 배는 귀가 없다'는 속담은 '굶주리게 되면 남의 사정을 헤아려 동정할 줄 모르게 된다'는 의미이므로 신체의 한 부분인 '귀'가 실제로 의미하는 것은 정신적인 '동정'이나 '연민'이다. '금발이 나에게 추파를 던졌다'라고 했을 때 신체의 부분인 '금발'은 그 부분을 소유한 '금발의 여자'를 의미한다. 그러면 『어린 왕자』의 환유체계는 어떻게 짜여 있는가?

1) 모자 : 코끼리를 삼킨 보아구렁이

『어린 왕자』의 첫머리를 장식하는 '그림 제1호'의 '모자'는 보이는 것과 보이지 않는 것, 그릇과 내용물 사이의 상관관계를 보여주는 첫번째 환유다.

여섯 살 적에 나는 『실제로 겪은 이야기』라고 하는, 원시림에 관한 어떤 책에서 멋들어진 그림을 하나 본 적이 있다. 맹수를 꿀꺽 집어삼키는 보아구렁이 그림이었다. 위의 그림은 그걸 옮겨그려본 것이다.

그 책에는 이렇게 적혀 있었다. "보아구렁이는 먹이를 씹지도 않고 통째로 집어삼킨다. 그러고는 더이상 꼼짝도 하지 못한 채 여섯 달 동안 잠만 자며 먹이를 소화시킨다."

그래서 나는 밀림 속에서의 온갖 모험들에 대해서 곰곰이 생각해보았다. 그리고 나도 색연필을 가지고 나름대로 생전 처음 그려보는 그림을 하나 그리게 되었다. 내 그림 제1호였다. 그 그림은 이런 것이었다.

나는 그 걸작품을 어른들에게 보여주고 내 그림이 무서우냐고 물어보았다.

어른들은 대답했다. “모자가 뭐가 무서워?”

내 그림은 모자를 그린 게 아니었다. 그것은 코끼리를 삼키고서 소화시키는 보아구렁이를 그린 것이었다. 그래서 나는 어른들이 알아볼 수 있도록 보아구렁이의 뱃속을 그려넣었다. 어른들에게는 언제나 설명을 해주어야 한다. 내 그림 제2호는 이런 것이었다.

그림1과 그림2는 마치 환유의 메커니즘을 도식으로 예시하고 있는 것 같은 인상을 준다. 보아구렁이 혹은 모자가 ‘그릇’이라면 ‘코끼리’는 그릇에 담긴 내용물이다. 물론 일반적인 환유에서처럼 보아구렁이를 보여주면서 실제로는 눈에 보이지 않는 코끼리를 가리키려는 것만은 아니지만 적어도 둘 사이의 상관관계를 말해주는 첫 예시라는 것을 알 수 있다. 이 도입부는 그림1을 보

고 '모자' 라고만 생각하는 '어른들' 에게 환유의 메커니즘을 그림으로 '설명' 하는 일종의 환유강좌의 서론과도 같은 것이다. 그렇기 때문에 이 환유는 어린 왕자를 만나기 전, 화자인 비행사 자신의 어린 시절의 체험으로 소개된 것이다.

2) 상자 속의 양

비행사 앞에 나타난 어린왕자는 대뜸 '양 한 마리' 를 그려달라고 요구한다. 마치 오이디푸스가 풀어야 하는 스핑크스의 수수께끼 같은 통과의례의 첫 관문이다. 비행사가 그려 보인 첫번째 '뱃속이 보이지 않는 보아구렁이', 두번째 '병든 양', 세번째 '뿔이 달린 염소' 그림은 모두 불합격이다. 오직 네번째의 '양이 들어 있는 상자' 그림만이 합격이다. 가장 효과적인 환유이기 때문이다. 즉 보이지 않는 주체(양)를 그리는 대신 보이는 집(상자)을 그려준 것이다. 어린 왕자 자신도 그 환유의 가치를 인정하고 받아들인다. "아저씨가 준 상자가 좋은 건 그게 밤에는 양의 집이 될 수 있"기 때문이다.

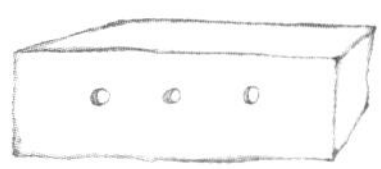

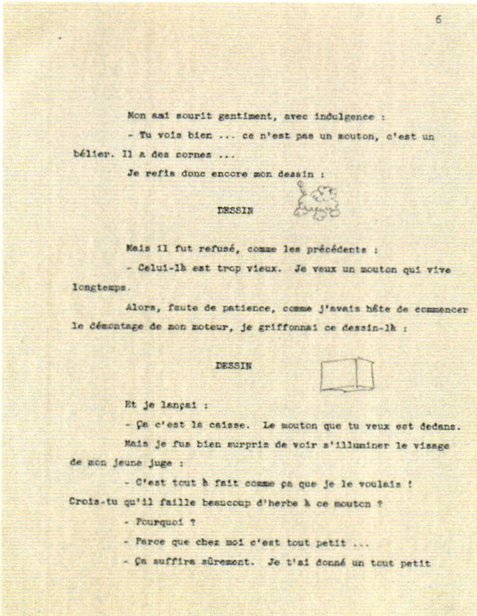

6

Mon ami sourit gentiment, avec indulgence :

- Tu vois bien ... ce n'est pas un mouton, c'est un bélier. Il a des cornes ...

Je refis donc encore mon dessin :

DESSIN

Mais il fut refusé, comme les précédents :

- Celui-là est trop vieux. Je veux un mouton qui vive longtemps.

Alors, faute de patience, comme j'avais hâte de commencer le démontage de mon moteur, je griffonnai ce dessin-là :

DESSIN

Et je lançai :

- Ça c'est la caisse. Le mouton que tu veux est dedans.

Mais je fus bien surpris de voir s'illuminer le visage de mon jeune juge :

- C'est tout à fait comme ça que je le voulais ! Crois-tu qu'il faille beaucoup d'herbe à ce mouton ?

- Pourquoi ?

- Parce que chez moi c'est tout petit ...

- Ça suffira sûrement. Je t'ai donné un tout petit

『어린 왕자』의 타자원고. 양과 상자 그림.
종이에 잉크. 뉴욕, 1942.

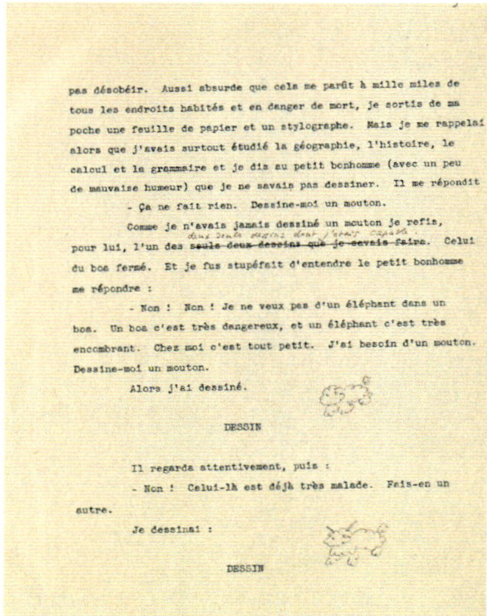

pas désobéir. Aussi absurde que cela me parût à mille miles de tous les endroits habités et en danger de mort, je sortis de ma poche une feuille de papier et un stylographe. Mais je me rappelai alors que j'avais surtout étudié la géographie, l'histoire, le calcul et la grammaire et je dis au petit bonhomme (avec un peu de mauvaise humeur) que je ne savais pas dessiner. Il me répondit :

- Ça ne fait rien. Dessine-moi un mouton.

Comme je n'avais jamais dessiné un mouton je refis, pour lui, l'un des deux seuls dessins dont j'étais capable. ~~seuls deux dessins que je savais faire~~. Celui du boa fermé. Et je fus stupéfait d'entendre le petit bonhomme me répondre :

- Non ! Non ! Je ne veux pas d'un éléphant dans un boa. Un boa c'est très dangereux, et un éléphant c'est très encombrant. Chez moi c'est tout petit. J'ai besoin d'un mouton. Dessine-moi un mouton.

Alors j'ai dessiné.

DESSIN

Il regarda attentivement, puis :

- Non ! Celui-là est déjà très malade. Fais-en un autre.

Je dessinai :

DESSIN

『어린 왕자』의 타자원고. 두 마리 양.
종이에 잉크. 뉴욕, 1942.

3) 어린 왕자의 별

제4장에서 화자는 말한다. "이렇게 해서 나는 매우 중요한 또 한 가지 사실을 알게 되었다. 그것은 그가 사는 별이 집 한 채보다 더 클까 말까 하다는 사실이었다!" 그 '사실'이 중요한 것은 별과 어린 왕자의 환유관계 때문이다. 상자가 양의 '집'이듯이 '별'은 어린 왕자의 '집'인 것이다. 어린 왕자는 비행사와 헤어지는 마지막 순간에 그 환유의 의미를 다음과 같이 분명하게 설명해준다.

> "아저씨는 어느 누구도 갖지 못한 별들을 갖게 될 거야……"
>
> "그게 무슨 뜻이니?"
>
> "아저씨가 밤에 하늘을 바라볼 때면 내가 그 별들 중 하나에 살고 있을 테니까, 내가 그 별들 중 하나에서 웃고 있을 테니까, 아저씨에겐 모든 별들이 다 웃고 있는 것처럼 보일 거야. 그러니까 아저씬 웃을 줄 아는 별들을 갖게 되는 거야!"

4) 꽃이 홀로 남아 있는 별

그 조그만 별에 사랑하는 꽃을 홀로 두고 온 어린 왕자는 제7장에서 이렇게 말한다. "별들이 아름다운 건, 눈에 보이지 않는 한 송이 꽃 때문이야……" 이번에는 별이 꽃의 환유가 된다. 어린 왕자는 그 환유관계를 이렇게 설명한다.

"만약 누군가 수백만 수천만 개나 되는 별 중에서 단 하나밖에 없는 꽃을 사랑하고 있다면, 그 사람은 바로 그 별을 바라보는 것만으로도 마음이 행복해질 수 있는 거야. 속으로 '저기 어딘가에 내 꽃이 있겠지……' 하고 생각하면서 말이야. 그렇지만 양이 그 꽃을 먹는다고 생각해봐. 이건 그에게는 갑자기 모든 별들이 다 꺼져버리는 거나 마찬가지라고! 그런데도 그게 중요하지 않다는 거야?"

5) 어딘가에 우물이 있는 사막

제24장에서 비행사와 어린 왕자는 함께 우물을 찾아 걸어간다. 몇 시간 동안 아무 말 없이 걷고 나서 달빛을 받아 주름진 모래언덕을 바라보며 어린 왕자는 말한다. 목마른 사람들에게 이보다 더 절박하고 실감나는 환유는 없을 것이다.

"사막은 아름다워……" 어린 왕자가 말을 이었다.

정말 그랬다. 나는 언제나 사막을 좋아했다. 모래언덕에 앉아 있으면 아무것도 보이지 않고 아무 소리도 들리지 않는다. 그리고 무엇인가 침묵 속에서 빛을 발한다.

"사막이 아름다운 건 어딘가에 샘을 감추고 있기 때문이야……" 어린 왕자가 말했다.

6) 보물이 감춰져 있는 오래된 집

어린 왕자에게서 이상의 여러 가지 환유에 대한 '설명'을 듣고 난 어른, 즉 비행사는 마침내 스스로 그 일련의 환유들이 갖는 진정한 의미를 깨닫기에 이른다.

나는 모래가 신비롭게 빛을 발하는 이유를 깨닫고 깜짝 놀랐다. 어렸을 적에 나는 아주 오래된 집에 살고 있었다. 그런데 전해오는 이야기에 의하면 그 집에는 보물이 감춰져 있다고 했다. 물론 아무도 그것을 발견하지 못했다. 아니 어쩌면 아무도 찾으려 들지 않았는지도 모른다. 그러나 그 보물로 인해서 그 집 전체가 신비한 마법에 걸려 있는 것만 같았다. 우리집은 그 깊숙한 곳에 어떤 비밀을 간직하고 있었으니까 말이다.

산과 강이 있는 어떤 별 위를 날고 있는 어린 왕자.
피델리티 오니온 스킨지에 잉크와 수채. 뉴욕, 1942.

이 단계에서 우리는 환유의 보편화 현상을 목격하는 동시에 이런 일련의 환유가 궁극적으로 겨누고 있는 목표가 무엇인지를 알아차릴 수 있다. 보이는 것(그릇 A) 속의 보이지 않는 것(내용물 B) 사이의 관계가 다양한 여러 가지 현상들에 보편적으로 적용될 뿐만 아니라 그 환유의 대상인 내용물(B)이 점차 더욱 중요한 지위로 승격되고 있다는 사실을 확인할 수 있기 때문이다. 즉 '집' 속에 감추어져 있는 것은 다름아닌 '보물'인 것이다. 그뿐이 아니다. 그 귀중한 보물은 아무도 발견하지 못했고 아무도 찾으려 들지 않는 '비밀'이다. 발견되어 겉으로 드러난 비밀은 더 이상 비밀이 아니다. 겉으로 드러난 환유는 더이상 환유가 아니다. 환유의 매혹은 B가 A 속에 감추어져 있다는 데 있다. 바로 그 '비밀'의 힘에 의하여 환유는 일종의 '마법'의 기능을 행사한다. 바꾸어 말하건대 환유는 눈에 보이지 않는 자석과도 같은 '비밀'의 자력에 의하여 눈에 보이는 공간 전체를 일종의 자장(磁場)으로 탈바꿈 시키는 문학적 마법이다. 모래언덕에 앉아 있으면 아무것도 보이지 않고 아무 소리도 들리지 않는 가운데 무엇인가 침묵 속에서 "빛을 발한다"고 한 것은 곧 그 침묵의 질적인 변화, 즉 공간의 자장화를 의미한다.

그래서 화자는 종합적인 결론으로 다음과 같은 진실을 제시한다. "그래, 집이건 별이건 사막이건 그것을 아름답게 하는 건 눈에 보이지 않는 법이지!" 여기서 우리는 이에 화답하는 어린 왕자의 말에 각별히 귀를 기울일 필요가 있다. "아저씨가 내 여우와 생각이 같은 걸 보니 기뻐." 마침내 어린 왕자는 여우에게서 학습한 환유의 '보물' 혹은 '비밀'을 어른인 비행사에게 전수시키는 데 성공한 것이다.

그 '비밀' 혹은 '보물'은 여우가 어린 왕자와 헤어지면서 그에게 약속했던 작별의 '선물'이다. 여우-어린 왕자-비행사-독자의 경로를 밟아 전수되는 이 비밀, 혹은 선물이야말로 『어린 왕자』의 핵심적인 주제다.

> 어린 왕자는 다시 여우에게로 돌아왔다.
>
> "그럼, 잘 있어." 그가 말했다.
>
> "잘 가!" 여우가 말했다. "그럼 비밀을 가르쳐줄게. 아주 간단한 거야. 오직 마음으로 보아야 잘 보인다는 거야. 가장 중요한 건 눈에 보이지 않아."
>
> "가장 중요한 건 눈에 보이지 않아." 잘 기억해두기 위해서 어린 왕자가 되뇌었다.
>
> "네 장미꽃이 그토록 소중하게 된 것은 네가 네 장미꽃을 위해서 소비한 시간 때문이야."

소굴 앞에 엎드린 개 혹은 여우.
오니온 스킨 지에 잉크와 수채. 뉴욕, 1942.

"내가 내 장미꽃을 위해서 소비한 시간 때문이야……" 잘 기억해두기 위해서 어린 왕자가 되뇌었다.

"사람들은 이 진실을 잊어버렸어." 여우가 말했다. "하지만 넌 그걸 잊으면 안 돼. 네가 길들인 것에 대해서 너는 영원히 책임이 있는 거야. 너는 네 장미꽃에 대해 책임이 있어……"

"나는 내 장미꽃에 대해 책임이 있어……" 잘 기억해두기 위해서 어린 왕자가 되뇌었다.(제21장)

자신의 별을 떠나 일곱 개의 별들을 거쳐 다시 자신의 별로 돌아가는 『어린 왕자』의 '여행'은 이제 일련의 환유를 통하여 감추어진 '진실'을 찾아가는 구도의 과정임이 분명해졌다. 일찍이 어린 왕자가 철도원에게 말하지 않았던가. "오직 아이들만이 유리창에 코를 바짝 대고 있어. 아이들만이 자기가 무얼 찾고 있는지 알아." 어린 왕자가 찾고 있는 '진실'이란 바로 "오직 마음으로 보아야 잘 보인다"는 것, 즉 "가장 중요한 건 눈에 보이지 않는다"라는 사실이다. 이 단순하고 위대한 진리를 찾아가는 구도의 과정은 당연히 어린 왕자만의 여행에 그치지 않고 어린 왕자를 만난 예외적 어른인 비행사 자신의 여행에도 적용된다. 화자인 비행사는 자신이 어린 왕자의 환유이며 나아가 어린 왕자 자신도 환유의 산물임을 깨닫는다. 다음과 같은 그의 술회를 주목해보자.

> 어린 왕자가 잠이 들었으므로 나는 그를 안고 다시 길을 떠났다. 나는 가슴이 뭉클해졌다. 부서지기 쉬운 무슨 보물을 안고 가는 느낌이었다. 이 세상에 이보다 더 부서지기 쉬운 것은 없을 거란 생각까지 들었다. 나는 달빛에 비친 그 창백한 이마, 감겨 있는 눈, 바람결에 나부끼는 금빛 머리카락을 바라보았다. 그리고 생각했다. '지금 내 눈앞에 보이는 건 오직 껍질일 뿐이야. 가장 중요한 것은 눈에 보이지 않아.'

어린 왕자를 '안고' 길을 떠나는 '어른' 인 비행사는 이미 어린이의 '껍질'이요 환유다. 그런데 비행사는 한 걸음 더 나아가 "잠든" 어린 왕자 자신이 '껍질' 이라는 사실을 깨닫는다. 어린 왕자도 마지막 헤어지는 순간 그 자신의 몸은 "벗어던진 낡은 껍데기나 마찬가지"임을 인정하면서 "낡은 껍데기가 슬플 건 없"다고 작별을 슬퍼하는 비행사를 위로한다. 잠든 어린 왕자의 '몸' 은 꽃을 사랑하는 그의 '마음' 의 환유에 불과하기 때문이다.

> 반쯤 벌리고 있는 그의 입술에 어렴풋한 미소가 어리어 있는 것을 보며 나는 또 생각했다. '이 잠든 어린 왕자가 이렇게까지 내 마음을 감동시키는 것은 꽃 한 송이에 대한 그의 변함없는 마음, 잠들어 있을 때조차도 꺼지지 않는 등불처럼 그의 마음속에 빛나고 있는 한 송이 장미꽃 때문이야……'

따라서 이제 환유의 완성을 위하여 어린 왕자의 가시적인 몸은 사라져야 한다. 그는 말한다. "알다시피, 거긴 너무 멀어. 그래서 나는 이 몸을 가지고는 갈 수가 없어. 너무 무겁거든." 이 가시적인 몸, 즉 '껍질'을 지우는 데 도움을 주는 것이 뱀의 독이다. 마침내 어린 왕자는 소리없이 쓰러진다. 그리하여 책의 마지막에는 두 개의 지평선과 하나의 별뿐인 최후의 그림이 나타난다.

그리고 다음과 같은 설명이 이어진다.

이건 나에게는 이 세상에서 가장 아름답고 가장 슬픈 풍경이다. 앞 페이지의 그것과 같은 풍경이지만 여러분에게 좀더 분명하게 보여주려고 다시 한번 그려보았다. 어린 왕자가 이 지상에 나타났다가 사라진 곳이 바로 여기다.

이 그림이 가장 '아름다운' 것은 그것이 어린 왕자의 몸을 지워버린 가장 완성된 환유의 표현이기 때문이다. 이 풍경이 좀더 '분명한' 것은 보이는 풍경 속에 보이지 않는 '어린' 왕자를 감추어

놓았기 때문이다.[8] 이제 우리가 주목해야 할 것은 바로 그 감추어진 어린 왕자다.

---

8) '그릇(A)' 과 '그릇의 내용물(B)' 의 상관관계에 해당하는 일관된 환유체계의 설명을 위하여 다소 성격이 다른, 그러나 매우 흥미로운 두 가지 환유의 해석을 본문에서는 생략했다. 그 하나는 바오밥나무다. "그 별의 땅에는 온통 바오밥나무 씨가 널려 있었다. 그런데 바오밥나무란 자칫 손을 늦게 쓰면 영영 없앨 수가 없게 된다. 그놈은 별 전체를 다 차지하면서 그 뿌리로 별에 구멍을 뚫어놓는 것이다. 그래서 별은 작은데 바오밥나무가 너무 많게 되면 별이 산산조각나고 마는 것이다…… '어린이들이여, 바오밥나무를 조심하라!' 내가 이 그림을 이토록 정성스럽게 그린 것은 내 친구들이 나와 마찬가지로 오래 전부터 자신도 모르게 감수하고 있는 위험에 대하여 경각심을 불러일으키기 위해서이다. 내가 그림을 통해 주게 된 교훈은 그만한 값어치가 있는 것이었다." 『어린 왕자』가 2차 세계대전중 미국에서 쓰여졌다는 사실을 감안할 때 "별 전체를 다 차지하면서 그 뿌리로 별에 구멍을 뚫어놓는" 바오밥나무는 작자가 멀리 두고 온 유럽을 휩쓸고 있는 독일 나치즘의 상징이라는 몇몇 해석자들의 주장은 상당한 설득력이 있다. 과연 이 책에서 가장 "장엄하게" 그려진 이 바오밥나무 잎새들의 색깔은 다분히 나치 군복을 연상시키고 있으며 또한 작자는 "내 친구들이 나와 마찬가지로 오래 전부터 자신도 모르게 감수하고 있는 위험에 대하여 경각심을 불러일으키기 위해서" 이 그림을 그토록 "정성스럽게 그렸다"고 설명한다. 그런데 본문에서 해석한 다른 모든 환유(보이는 '그릇' 을 통해서 보이지 않는 '내용물' 을 지시)와는 반대로 이 경우 눈에 보이지 않아야 할 내용물(바오밥나무)이 가시적으로 드러나 있을 뿐만 아니라 그것이 과도하게 비대해져서 '그릇(별)' 자체에 "구멍을 뚫어" 파괴하는 경향을 보인다. 이 폭력적 드러남과 확장은 곧 환유의 파괴를 의미한다.

또하나의 성격이 다른 환유는 어린 왕자의 금발 머리카락이다. 여우가 어린 왕자에게 말했다. "저기 밀밭이 보이지? 난 빵을 먹지 않아. 밀은 나한테 아무 소용이 없어. 밀밭을 보아도 머리에 떠오르는 게 아무것도 없거든. 그건 서글픈 일이지! 하지만 너는 금빛 머리카락을 가졌어. 그러니 네가 나를 길들인다면 멋질 거야! 금빛으로 무르익은 밀을 보면 네 생각이 날 테니까. 그럼 난 밀밭을 지나가는 바람소리도 사랑하게 될 거야……" 이 경우 A와 B의 관계는 그릇과 내용물의 관계가 아니라 인접성, 몸의 부분('금빛 머리카락')과 전체('너')의 관계를 바탕으로 한 환유라고 하겠다.

"잔인함, 경련의 창조, 탈주를 시도할 수 없는 탐색.
극단적으로 시적인, 하지만 자아는 분노와 함께 모순에 차 있다.
그를 거스르는 것은 죽이고 그와 대립을 이룬다.
완전한 단절. 자아에 대해서는…… 거만하지 않지만,
*내부와 외부에 대해서는 거만함. 토론을 하다가 여성의 **를 쥐어뜯을 수도 있다.*
갑작스럽게 반복하는 것에는 관대하지만,
그것이 관대함이라는 끈을 말하는 것은 아니다.
그는 그가 준 것은 결코 잃어버리지 않기 때문이다. 그는 정복한다.
그는 자국을 남긴다. 어떤 사회적 노력도 없이.
사람들은 그의 위에 올라서지 못한다. 그는 자살할 것이다."

귀신 같은 얼굴로 변형된 어린 왕자.
종이에 잉크.

Création [illegible] [illegible], recherche [illegible] possible. Poète [illegible] mais [illegible] en soi avec soin. [illegible] ce qui le [illegible] ne s'oppose à lui. [illegible]. Sans orgueil [illegible] [illegible] (sur soi) mais *l'orgueil total et absolu* [illegible]. Pas toutes les [illegible] [illegible] sans le [illegible]. [illegible] – mais il ne s'agit jamais [illegible] car il ne peut rien [illegible]. Il s'étonne. [illegible]. Aucun effort social. Que l'on se moque sur lui. Le [illegible].

6. 어린이와 어른

마지막 그림 속에서 지워지고 보이지 않는 어린 왕자는 어떤 인물로서의 어린 왕자가 아니라 저마다의 인간 속에 잠재하는 순수함의 자질 바로 그것이다. 『어린 왕자』에서는 처음부터 '어린이' 의 특징이 어린이의 환유, 혹은 어린이의 네거티브로서의 '어른' 에 의하여 암시되고 있다. 마치 양이 들어 있는 상자에 의해서 양이 간접적으로 암시되는 것과 같은 이치다. 이때 '어른' 은 사물과 현상에 대한 '직접적' 이해능력의 결핍이라는 부정적 측면으로 대표된다. 이 점은 '설명' 이 필요 없는 어린이의 직접적 이해능력과 정반대되는 특징이다. 가령 "어른들에게는 언제나 설명을 해주어야 한다" "어른들은 언제나 스스로는 아무것도 이해하지 못한다" "어른들이란 이런 식인 것이다" 같은 표현이 반복적으로 등장하는 것은 그 좋은 예라고 할 수 있다. '어른'에게 있어서 진실에 대한 직접적 이해능력의 결핍은 곧 대상과의 관계에 있어서의 간접화를 의미한다. "어른들은 숫자를 좋아한다"고 어린 왕자는 꼬집는다. 이는 사물과 현상을 오로지 '숫자'(혹은 허영심, 술, 권위, 기록, 소유 등)라는 간접적 수단으로 추상화, 계량화하지 않고는 이해하지 못하는 어른의 특징을 가리키는 것이다. 어린 왕자는 자신의 별을 떠난 이후 왕, 허영심에 빠진 사람, 술꾼, 사업가, 가로등 켜는 사람, 지리학자들이 사는 여섯 개의 별을 거쳐 일곱번째 별인 지구에 도착한다. 그가 거쳐온 여섯 개의 별을 각각 대표하고 있는 인물들은 각기 '어른'의 여러 가지 특징들을 나타내는 기호들이다. 이처럼 다양한 어른의 견본들을 차례로 목격한 어린 왕자가 마침내 당도하는 일곱번째 별인 지구는 바로 그 '어른들'의 종합전시장과도 같다.

일곱번째 별은 그러니까 지구였다.

지구는 어디서나 볼 수 있는 흔한 별이 아니다! 거기에는 백열한 명의 왕(물론 흑인 왕들을 포함해서), 칠천 명의 지리학자, 구십만 명의 사업가, 칠백오십만 명의 주정뱅이, 삼억천백만 명의 허영심

많은 사람 등 약 이십억쯤 되는 어른들이 살고 있다.

전기가 발명되기 전까지는 육대주 전체를 통틀어 사십육만이천오백십일 명이나 되는 가로등 켜는 사람을 두어야 했다고 설명하면 여러분은 지구라는 별의 크기가 어느 정도인지를 짐작할 수 있을 것이다.

대상을 숫자로 간접화, 추상화하지 않고서는 이해하지 못하는 어른들은 그들 자신도 지구라는 별에서 오직 '숫자'에 의해서만 그 존재가 집계되고 확인되고 있는 것이다. 이 간접화는 그들이 존재하는 이유와 목적의 상실로 이어진다. 어린 왕자는 말한다. "사람들은 급행열차에 올라타지만 자기가 무엇을 찾으러 떠나는지 몰라. 그래서 법석을 떨며 제자리에서 맴돌고 있는 거야……" 반면에 어린 왕자가 철도원에게 말했듯이 "아이들만이 자기가 무얼 찾고 있는지 알"고 있다. 어린이의 긍정적 적극적 특징은 어른이라는 네거티브에 의해서 드러난다. 삶에 대한 단순하고 직접적인 이해능력은 어린아이의 순수성, 순진성에서 오는 것이다. 어린 왕자란 인간의 내면에 잠재하는 그 순수성, 순진성의 자질 그 자체다. "생텍스와 대화하는 어린 금발 소년은 어린 시절의 생 모리스 드 레망 성의 마술적인 정원에서 쫓겨나기 전의 생텍스 자신이다. 우정, 책임, 잃어버린 신앙을 대신할 도덕적 가치

사냥꾼과 나비, 어린 왕자에 사용되지 않은 인물.
피델리티 오니온 스킨 지에 잉크와 수채. 뉴욕, 1942.

들의 모색에 대한 생텍스의 항구적인 관심을 그대로 나타내는 『어린 왕자』의 주된 테마들은 바로 그 증거라고 할 수 있다"고 한 전기 작가는 말한다.[9] 무한한 사랑과 이해, 보호와 격려의 원천이었던 어머니와의 접촉이 끊어진 생택쥐페리가 이십팔 개월간의 강요된 미국 체류 동안에 쓴 『어린 왕자』에는 어머니와 떨어져 사는 망명자 특유의 잃어버린 어린 시절에 대한 억누를 수 없는 향수가 깃들어 있다.

생텍쥐페리가 어린아이들과 어울려 지내는 것을 몹시 좋아했다는 것은 잘 알려진 사실이다. 그는 막내 여동생 가브리엘의 아이들인 아게 성의 조카들과 여러 시간 동안을 즐겁게 보내곤 했다. 재미나는 이야기를 해주거나 자장가를 불러서 그들을 재우곤 했고 카드 마술이나 서양장기 놀이로 그들을 황홀하게 만들었다. 자신의 결혼식 때 들러리 역할을 했던 조카딸 미레이유 다게는, 그녀가 넘어져 다쳤을 때 그가 얼마나 정답게 자기를 품에 안고 애무하며 달래주었는지를 오래 기억했다. 그는 아게 성에

9) 인간의 내면에 잠재하고 있는 순수와 직접적 이해의 상징인 '어린 왕자'는 생텍쥐페리의 행복했던 어린 시절에 대한 향수뿐만 아니라 그가 비행사로서 경험한 사막 체험과 깊은 관련이 있다. 『어린 왕자』의 무대가 사하라 사막인 것은 1928년 캅쥐비 착륙장 생활 및 1935년 리비아 사막에서의 불시착 경험과 무관하지 않다. 전기 작가 웹스터는 이렇게 말한다. "어린 시절의 머나먼 고장과 마찬가지로 사막의 메마르고 광막한 넓이의 추억들은 우울한 시절이면 그에게 마음의 피난처가 되었다. 그는 사하라의 고독으로부터 멀어지는 것이 그에게 가져올 슬픔을 편지 속에서 털어놓는다. 1928년

서 파푸라는 별명으로 어린아이들에게 큰 인기를 얻었다.

스위스 프리부르에서 같은 학교에 다니던 동생 프랑수아의 죽음은 어린 시절에 입은 깊은 내상으로 생텍스의 허무적이고 운명론적인 기질의 발단이 되었다고 한다. 누이동생 가브리엘의 아이인 멜쉬오르의 죽음 또한 그에게 큰 충격을 주었다. 『남방 우편기』와 『야간비행』에는 어린아이의 치명적인 병에 대한 긴 이야기가 등장한다. 그는 대상과의 관계가 간접화되는 어른의 세계를 쉽게 받아들이지 못한다. 『어린 왕자』에는 어린 시절에서 성년의 세계로의 불가피한 이행으로 인하여 어린 시절의 숭고함이 파괴되는 데 대한 회한의 흔적이 깊이 각인되어 있다. 그의 대표작이라고 해도 손색이 없을 『인간의 대지』의 마지막 몇 페이지의 일화는 1935년 『파리 수아르』에 기고한 글의 내용을 손질하여 붙인 것으로 어린이의 그 순수하고 숭고한 자질이 생텍쥐페리에게 있어서 얼마나 귀중한 것인지를 감동적으로 말해주고 있다.

11월 캅쥐비를 아주 떠날 때 그는 친구에게 자신이 모험의 준엄한 삶을 맛보았고 이제 더는 행복해지려는 노력을 할 수 없을 것이라고 했다. 그는 스페인령 사하라에서의 삶에서 경험한 뒷맛을 금지된 과일의 맛과 견주었다. 그는 이제 생 모리스 드 레망의 에덴동산에서 쫓겨났듯이 낙원에서 추방될 참이었다. 그리하여 그는 일생을 두고 그 영원한 가치가 가득한 풍요의 땅을 되찾으려고 헤맬 것이었다."(웹스터 전기 123쪽 참조)

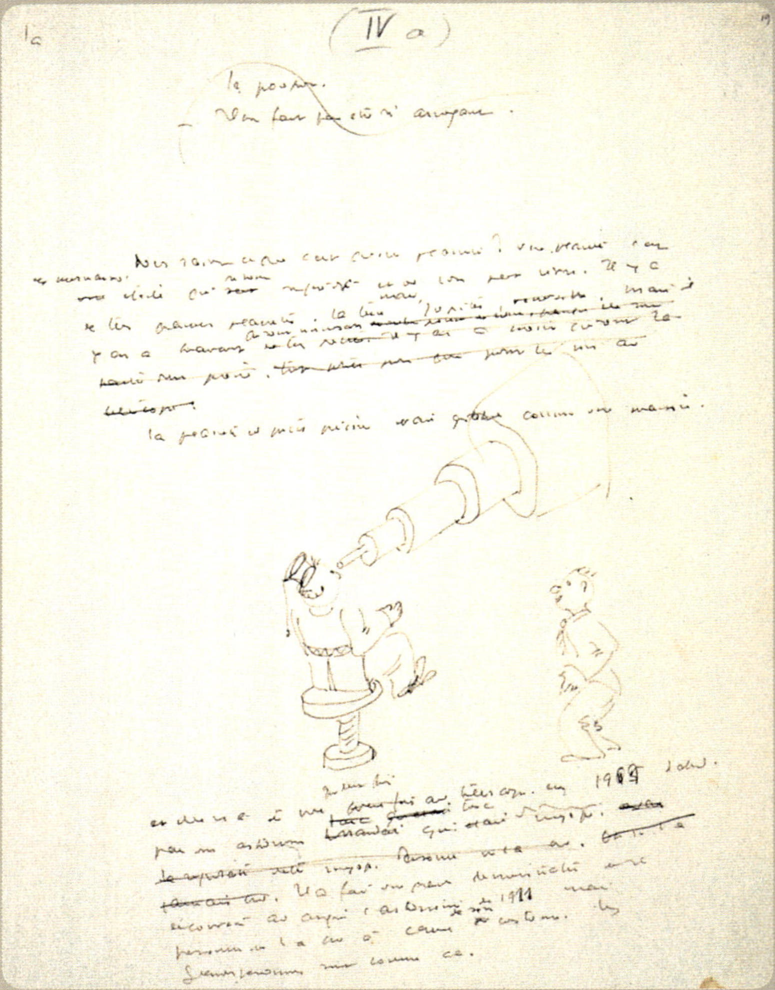

『어린 왕자』의 육필원고. 천문학자와 어린 왕자.
피델리티 오니온 스킨 지에 잉크. 뉴욕, 1942.

생텍스는 기차여행중에 삼등칸에서 프랑스에서의 일자리를 잃고 자기 나라로 돌아가는 가난한 폴란드 노동자들을 보았다. 한 어린아이가 아버지와 어머니 사이에서 잠이 들어 있었다. "나는 아이의 아버지를 보았다. 돌처럼 반들반들한 머리였다. 작업복 속에 꼬부리고 불편한 잠을 자는 툭 튀어나오고 움푹하게 파인 몸뚱이. 그 사람은 무슨 진흙덩어리와도 같았다. 이제는 형체조차 없는 유실물들이 밤중에 이렇게 시장의 나무벤치 위에 무겁게 놓여 있다. 그래서 나는 생각했다. 문제는 이 곤궁, 이 불결, 이 추악함에 있는 것이 아니라고. 이 남자와 여자는 어느 날 서로 알게 되어 남자는 여인에게 아마 미소를 던졌으리라…… 신비로운 것은 이제 그들이 이런 진흙덩어리가 되고 말았다는 것이다. 그들은 그 무슨 지독한 거푸집을 거쳐 나왔기에 판박이 기계에 찍힌 것처럼 그 거푸집의 모양을 그대로 박아 가진 것인가! 짐승은 늙어서도 그 우아한 모습을 그대로 지니고 있다. 그런데 어째서 그 아름다운 인간의 진흙은 망가진단 말인가!" 이것이 '어른'이 된 남자 여자의 모습이다.

그렇다면 그들 사이에서 잠이 든 어린아이는 어떤가? "자다가 몸을 돌리는 바람에 어린아이의 얼굴이 철야등 밑의 내 눈앞에 드러났다. 아, 얼마나 귀여운 얼굴이냐! 그들 부부에게서 이를테면 황금과실이 나온 것이다. 그 무거운 누더기 속에서 참하고 아담한 열매가 나온 것이다. 나는 그 빛나는 이마와 귀엽게 삐죽 내민 입술을 가까이 들여다보며 생각했다. 이것은 음악가의 얼굴이다. 어린 모차르트다. 이것은 생명의 아름다운 약속이다. 동화에 나오는 어린 왕자들도 그와 다를 바 없다. 보호해주고 위해주고 가꾸면 이 아이가 무엇인들 되지 못하랴! 돌연변이로 정원에 새 품종의 장미가 나면 모든 정원사들이 감격하지 않는가? 그리고 그 장미를 따로 옮겨심어서 정성껏 가꾸어준다. 그러나 인간들을 위한 정원사는 없다. 어린 모차르트도 다른 어린아이들과 마찬가지로 판에 찍는 기계에 찍히고 말 것이다. 모차르트는 술 파는 카페의 악취 속에서 부패한 음악을 최고의 기쁨으로 삼을 것이다. 모차르트는 가망 없게 된 것이다."

이때 생텍쥐페리는 생각한다. "여기에서 상처를 입고 침해당한 것은 개인이 아니라 인류다. 나는 동정을 믿지 않는다. 나를 괴롭히는 것은 정원사의 관점이다. 나를 괴롭히는 것은 습관이 되는 것과 불안정함에도 결국 습관이 되는, 이 비참함이 아니다. 동방 사람들은 대대로 비천함 속에 살고 있으면서 그것을 즐거움으로 안다. 나를 괴롭히는 것은 국민의 두료급식으로도 고칠 수 없는 그 무엇이다. 나를 괴롭히는 것은 그 울퉁불퉁한 몸뚱이도 그 누추함도 아니고 다만 그 한 사람, 한 사람 안에서 모차르트가 살해당한다는 사실이다. '정신' 의 바람이 진흙 위로 불어야

만 비로소 '인간'은 창조된다."(『인간의 대지』)

『어린 왕자』는 바로 우리들 각자의 내면 깊은 곳에 잠재하는 모차르트를 살려내고 진흙에 정신의 바람을 불어넣기 위하여 쓰여진 한 편의 단순하고 위대한 우화다.

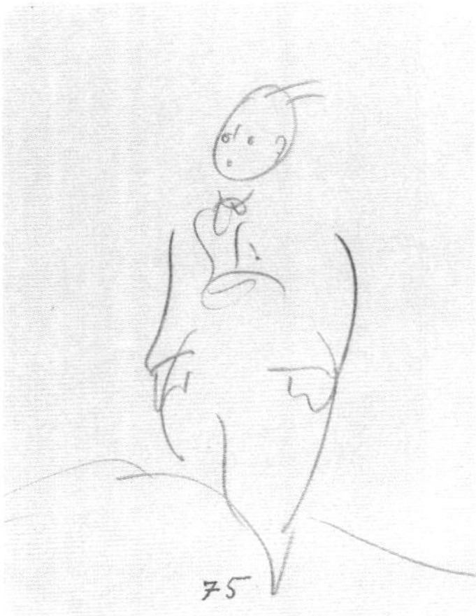

화단에서 먼 곳을 바라보고 있는 인물.
종이에 연필.

▶
헤더 스턴에게 보내는 편지.
골짜기가 많은 배경을 뒤로 한, 꽃이 만발한 언덕 위에
지팡이를 짚고 서 있는 작은 인물.
1916년 부카레스트에서 출생한 화가 헤더 스턴은
1941년 미국으로 이민을 왔고,
거기에서 생텍쥐페리를 알게 되었다.

"지금 막 도착했네. 저녁 먹을 시간 있나? 전화하게. 고맙네. A."

무슨 일인가 생겨서 편지가 보내지지 않았군.
진심으로 말하네만, 내가 정말 자랑스러워하는 작품이라 어쨌든 보내겠네.

J'arrive tout juste

Etes vous libre à dîner ?

Téléphonez

Merci.

A.

N.B. Un déménagement ayant retardé cette lettre elle n'est pas partie mais - pour être bien sincère - je suis si fier de mon chef d'oeuvre que je l'envoie quand même.

7. 생텍쥐페리의 최후

『어린 왕자』가 완성되어가는 1942년 11월, 유럽에서는 독일군이 프랑스의 자유지역을 침략하여 툴롱까지 밀고 내려갔고 생텍스가 바랐던 대로 마침내 전쟁에 개입한 미군은 북아프리카에 상륙했다. 사정이 이러하고 보니 적극적 행동을 갈망해온 생텍쥐페리가 미국에 남아 일 없이 빈둥대며 사막에서 길 잃은 어린 왕자나 그리고 있을 수는 없었다. 그는 초조해졌다. 유럽에서의 전쟁에서 자신이 맡아 할 일이 있음을 알고 있기 때문이었다. 이튼 네크의 삼층짜리 하얀 집 '베빈하우스'의 생활에서 오랜만에 아늑함을 맛볼 수 있긴 했지만 프랑스에서 멀리 떨어진 미국에서 국외자가 되어 있다는 죄책감과 소외감을 지울 수 없었다.

그는 "모든 곳에 있는 프랑스 사람들에게"라는 공개서한을 『뉴욕 타임스』지에 발표하여 비시 파든 드골 자유 프랑스 파든 프랑스인들은 의견 차이를 극복하고 국민연합을 형성해야 한다고 호소하는 한편 지난날의 동지들이 있는 2/33비행중대에 합류하려고 백방으로 노력한다. 그러나 철학자 자크 마리탱 같은 사람은 유대인이면서도 생텍스에 반대한다.

1943년 3월, 『어린 왕자』가 뉴욕에서 영어판으로 먼저 나왔다. 그 다음 달 생텍스가 배를 타고 북아프리카로 가고 있을 때 뉴욕의 라 메종 프랑세즈에서 불어판이 출간되었다. 당시에 이 책이 20세기 문학의 전설적인 작품 중 하나가 될 것이라고 예상한 사람은 아무도 없었다.

5월 4일, 생텍스는 삼 주간에 걸친 바다여행 끝에 알제에 도착하는 즉시 우지다에서 미군의 지휘를 받고 있는 자신의 비행중대에 합류하고자 앙리 지로 장군에게 호소한다. 지로 장군은 장차 알제에서 창설될 민족해방위원회를 이끌게 될 인물로 점증하는 드골의 영향력에 제동을 걸기 위하여 루스벨트 대통령이 가동하고 있는 장치의 핵심적인 위치에 있었다. 이 점이 오히려 생텍쥐페리에게 불리하게 작용했다. 지로 장군은 그가 2/33비행중대에 복귀할 수 있도록 아이젠하워 미군 사령관에게 개인적으로

1943년 5월 이후 생텍쥐페리는 북아프리카에 머물고 있었다.
그는 알제에 있는 친구 펠리시에 박사 집에 유숙했다.
이내 비행을 금지당하고 그뒤에는 계단에서 넘어져 척추를 다친 탓으로
정신적으로도 육체적으로도 매우 힘든 시기였다.

"사흘이 지났어. 날이 추워. 등뼈가 아파. 펠리시에의 집은 난방이 없어.
(벽난로가 아예 없거든.) 이가 덜덜 떨려.
나는 파자마 두 개, 팬티, 그리고 가운을 껴입고 자.
(……) 넌 알아야 해. 내가 진심으로 너를 사랑하고 있다는 걸 말야.
진심으로 너의 공을 인정해. 전에 너는 나를 구해준 사람이야.
나는 무슨 일을 하든 언제나 네가 어떻게 생각할까 하고 생각해.
(……) 너는 내게 무엇보다도 중요한 사람이야."

넬리 드 보귀에에게 보낸 편지. 목도리를 두른 두 어린 왕자.
한 사람은 별들에 둘러싸인 어떤 별 위에 서 있다.
종이에 잉크.

Ça c'est trois jours plus tard. Il fait froid, j'ai mal à une vertèbre. Chez [illegible] pas chauffé (il n'y a pas de cheminées) je claque des dents. Il [illegible] couché avec deux pyjamas, un [illegible] et une robe de chambre. J'arrive à me fatiguer une nuit. C'est le soir qui est [illegible].

Il faut que tu saches : je t'aime de tout mon cœur. Je te sens présente au fond du cœur. Tu m'es sans doute [illegible] autrefois sauvé. Je ne puis faire un acte sans me demander [illegible] — et [illegible] (c'est pourquoi ta lettre de Bam — et [illegible]) Je ne puis penser [illegible] — [illegible]. Tu es pour moi une [illegible] sans m'inquiéter [illegible]. Et tes [illegible]. Et [illegible], c'est importance capitale. Et [illegible] ça pour te faire ainsi tout simplement. Je ne [illegible] je ne sais pas [illegible] une part de ma conscience.

청을 넓었지만 장군의 위상은 급속도로 기울고 있었다. 이 무렵 알제에 자리잡은 드골 임시정부는 생텍스에 대한 비방을 멈추지 않았고 그의 소설 『전시 조종사』의 판매를 금지한다. 레지스탕스가 출판한 이 책은 드골과 나치 독일 양쪽에서 다 같이 금지당한 채 사람들의 망토 속에서 비밀리에 보급되는 역설적 상황이 되어버린 것이다. 한편 드골은 10월 30일 연설에서 독일에 협력하기를 거부하며 국외로 망명한 프랑스 작가들을 찬양하면서 그 명단에서 생텍스의 이름을 제외시켰다. 생텍쥐페리는 뉴욕에서 비겁자로 취급받은 것에 대한 강한 불쾌감과 독재의 씨앗을 내포하고 있는 골리즘에 대한 우려로 유일 당에 의한 프랑스의 드골 지향적 미래를 거부한다. 이제 그가 과거의 모욕을 씻는 방법은 죽음과 겨루어 명예를 찾는 일뿐이었다. 그래서 자신의 신체적 한계를 넘어서, 젊은 베테랑 조종사에게도 견디기 어려운 시련인 전투비행을 선택하고자 한다. 정치적 보복의 희생양이 되어 땅에 발이 묶여 있는 것보다는 적과 대결하다가 명예롭게 죽는 것이 낫다는 생각이다. "왜 내가 전투용 비행기에 몸을 싣고 순정한 삶을 살도록 허락하지 않는 것인가?"라고 그는 친구에게 보내는 편지에서 탄식한다.

1943년 7월 21일, 드디어 생텍쥐페리는 튀니스에 자리잡고 있는 자신의 옛 비행중대로 복귀하는 데 성공한다. 그의 동료들 중한 사람은 그의 눈에서 "마침내 자기 자리로 되돌아와서 작가로서의 삶에 영감을 불어넣어주었던 이상을 행동 속에서 추구할 수 있게 되었다는 정신적 열광"을 읽을 수 있었다. 그러나 그는 단 한 차례 남불 지역 툴롱 상공으로 정찰비행을 한 것이 전부였다. 두번째 비행은 모터 고장으로 인하여 지중해에 접근도 못 한 채 중단되고 말았다. 미군 사령관이 연령 초과를 이유로 그를 조종석에서 물러나게 한 것이다. 조종사의 제한연령이 삼십 세 전후로 되어 있는 당시의 라이트닝 비행기를 타고 비행하기에는 그의 나이가 너무 많았다. 프랑스 영토 상공을 고공비행하고 난 뒤에 감당해야 하는 피로가 그의 상관들을 불안하게 한 것이다. 조종 미숙 판정을 받은 그는 그때부터 1944년 6월까지 관측과 기관총 보조사수의 역할을 제외한 일체의 비행기 조종 허가를 받지 못한다.

그는 알제에 있는 친구의 조그만 방에 기거하면서 제트 엔진 연구에 파묻히거나 당시 그 도시에 체류하고 있던 앙드레 지드와 장기를 두기도 하면서 마지막 작품인 『성채』 수정작업에 몰두한다. 한편 그는 미국에 혼자 남아 있는 아내 콘수엘로에 대한 강한 그리움과 필요를 느낀다. 그의 대표적 픽션인 『야간비행』과 『어린 왕자』의 창작에 있어 영감의 원천이었던 뮤즈에게 그는 열두 장이나 되는 장문의 편지를 쓴다. "우리가 서로 헤어져 있던

1944년 11월 20일 알제에서 마련한 만찬에는
생텍쥐페리의 프랑스 및 미국 친구들이 모였다.
작가는 자신의 부대(1944년 5월에 그는 사르데뉴에 주둔중인
2/33 비행중대에 합류하게 된다)에 배속받기 위해 여전히 임명 대기 상태였다.
생텍쥐페리는 손수 축제의 메뉴를 그렸다.

"귀하를 돼지 장례식에 초대합니다. 가족묘소 자리를 제공합니다."

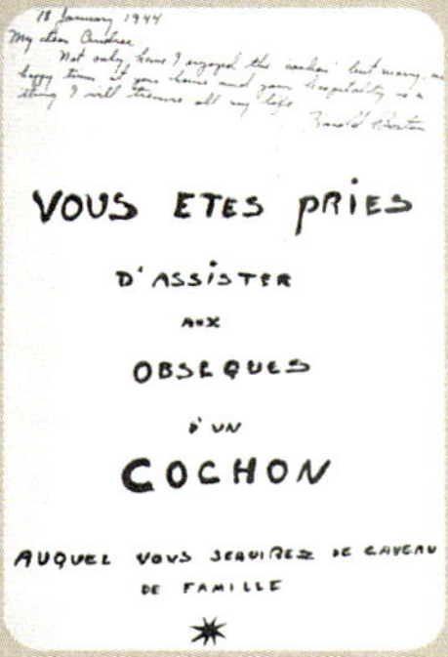

손으로 직접 쓴 초대장의 표지.
종이에 갈색 잉크와 수채.

도화지에 잉크와 수채.

비행기.
종이에 연필.

시절에 꾼 아주 오래된 꿈 이야기를 하겠소. 나는 어떤 초원에 가 있었지. 그런데 땅이 온통 다 죽어 있었어. 나무들도 죽었고. 냄새도 없고 맛도 없는 세상이었소. 그런데 겉으로는 아무것도 변한 것이 없는데 갑자기 모든 것이 다 변해버렸소. 땅이 되살아났고 나무들이 되살아났어. 모든 것이 냄새와 맛을 되찾은 거였소. 내겐 너무 강한 냄새, 너무 강한 맛이었소. 나는 그 까닭을 알 수 있었지. 그래서 소리쳤소. 콘수엘로가 되살아났다. 콘수엘로가 온 거야! 하고 말이야. 당신은 땅의 소금이었어. 당신은 그냥 되돌아온 것뿐인데 모든 것에 대한 내 사랑을 일깨운 거요. 콘수엘로, 그때 나는 내가 당신을 영원히 사랑하고 있었다는 것을 깨달았소."

31편대 대장인 샤생 대령의 노력으로 그는 사르데뉴 주둔 부대에 배속되어 비행훈련을 받았다. 1944년 4월 그는 백방으로 노력한 끝에 알제에서 2/33비행중대에 복귀하는 데 성공한다. 그러나 단 5회의 정찰비행만 한다는 조건이었다. 사실 그는 나이와 신체적 조건으로 보아 지난번 마지막 비행 훨씬 이전에 예편되어야 마땅했었다. 부대장 르네 가부알과는 친한 친구 사이였지만 생텍스는 곧잘 규율을 무시하는 부하였다. 그는 사십사 세 생일날인 6월 29일, 출동 순번이 아님에도 자신이 어린 시절부터 잘 아는 사부아 지역 정찰이라는 이유로 한사코 출동을 자원했다. 그는 프랑스 땅 안시 상공에서 좌측 엔진이 고장을 일으키자 독일 전투기들을 피하여 알프스 쪽으로 선회한 끝에 실수로 이탈리아 제노아 상공에 이르게 되어 자칫하면 적 전투기들에게 격추당할 뻔했다. 7월 말경이 되자 그는 정서적, 육체적, 지적으로 견디기 어려운 압박을 오래 참아내기 힘든 처지였다. 그가 마지막 정찰비행에 나선 것은 바로 이런 위험한 상황 속에서였다.

8. 마지막 비행

2차 세계대전이 막바지에 이른 1944년 7월의 31일 정오, 지중해안의 가장 뜨거운 한여름이었다. 리비에라는 코르시카 섬 기슭에 이르기까지 짙푸르기만 한 바다 저 위에 구름 한 점 없는 하늘만이 가없이 펼쳐져 있었다. 남불은 거짓된 평화의 종말을 기다리고 있었다. 연합군은 이제 곧 지중해를 건너 독일 점령하의 프로방스를 해방하기 위하여 상륙 준비에 한창이었다. 이 찬란한 날씨는 폭풍전야와 같은 전투 직전의 축복이었다. 다만 론 강 골짜기를 따라 정찰 임무를 마치고 코르시카 기지로 돌아오는 고독한 한 사람의 비행사만이 예외였다. 조종사는 일기 예보를

굳게 믿으며 바닷가 상공에 이르면 두터운 구름층을 만나 독일 폭격기들의 매서운 관찰망에서 벗어날 수 있으리라고 기대하고 있었다. 그런데 예상과 달리 구름 한 점 없는 하늘은 적의 공격에 완전히 노출되어 있었다. 사십사 세의 노련한 조종사 생텍쥐페리 대위는 이십여 년의 장구한 비행경력에도 불구하고 여러 차례에 걸친 사고로 인하여 좌측 운신이 자유롭지 못하다는 신체적 약점을 지니고 있었다. 그르노블-안시 지역 정찰 임무를 띠고 이륙한 그의 비행기는 오후 한시 삼십분이 되어도 기지로 돌아오지 않았다. 남은 연료는 한 시간분 정도였다. 그의 비행기는 바스티아 북쪽 백 킬로미터 지점인 코르시카 상공에서 적군에 피격되었을 가능성이 높다.

생텍스의 마지막 순간을 목격한 사람들과 독일 및 프랑스 군 보고서들은 적어도 한 가지 점에 있어서는 일치되는 경향을 보인다. 그의 정찰기는 정오가 조금 지난 시간 니스 서쪽 상공에 나타나 저공비행을 하고 있었다. 그러다가 돌연 바다 쪽으로 선회하여 해안선 저 너머로 사라졌다. 그의 비행기는 바다 속으로 사라지기 전 예정된 항로를 벗어나 안전 고도인 육천 미터보다 더 낮게 저공비행하고 있었다. 전쟁이 끝나고 난 뒤 조종사의 어머니 마리 드 생텍쥐페리는 그날 카브리스에 있는 자신의 집 상공을 지나가는 비행기 소리를 들으면서 본능적으로 그것이 자신의 아들이 조종하는 비행기라는 것을 알 수 있었다고 여러 차례에 걸쳐 말했다. 만약 생텍스가 적기의 추격에 의하여 추락 실종된 것이 확실하다면 우리는 그가 자신의 중요 작품들에서 늘 주제로 삼았던, 바로 그 행복했던 시절에의 향수를 위하여 자신의 귀한 생명을 대가로 지불한 것이라고 추정할 수 있을 것이다.

론 강 계곡 지역에 대한 그의 정찰 사진촬영 임무는 7월 31일 월요일 오전 여덟시 사십오분에 개시되었다. 그 사명을 수행하기 위하여 그는 리옹 동쪽, 자신의 가장 행복한 어린 시절을 품어주었던 생 모리스 드 레망 성에서 불과 육십 킬로미터 정도 떨어진 상공까지 날아갔다. 전쟁 전의 젊은 시절에 자동차, 기차, 비행기 등 여러 가지 교통수단을 통해서 그토록 빈번하게 누비고 다녔기에 그곳에서 지중해까지의 모든 땅 한 뼘 한 뼘이 그에게는 손바닥 안처럼 익숙한 고장이었다. 생텍쥐페리는 그보다 앞서 6월 29일에도 이미 그와 유사한 임무를 띤 정찰비행을 마치고 돌아온 바 있다. 그때 그는 지시받은 항로를 벗어나 자신의 어린 시절을 상기시키는 지역인 안시 호수 상공을 비행했다는 이유로 주의조치를 당한 일이 있었다.

바다 속으로 추락하기 직전 생텍스는 일단 그 어느 곳보다도 그가 좋아하는 프로방스 지방으로 들어서자 너무나도 잊을 수

사냥꾼.
피델리티 오니온 스킨 지에 잉크와 수채. 뉴욕, 1942.

없는 세 군데의 장소들에 마음이 이끌려 약 일 분 혹은 이 분 동안 귀환하는 항로에서 약간 서쪽으로 벗어나게 된 것으로 보인다. 당시 그의 어머니는 향수의 마을 그라스 뒤쪽에 있는 마을 카브리스에 거처하고 있었다. 그가 어머니를 찾아가 만난 것은 이십팔 개월 동안 머물게 될 미국으로 떠나기 직전인 1940년 12월이 마지막이었다. 그리고 좀더 서쪽으로는 생 트로페 근처의 라 몰 성이 있었다. 그가 세 살 남짓했을 때 뇌충혈로 쓰러진 아버지가 옮겨져서 숨을 거둔 곳이다. 카브리스와 라몰 두 지점 사이의 중간지점에는 아게 교회가 있었다. 거기서 그는 1931년 콘수엘로 순신과 결혼식을 올렸다.

전기 작가는 이렇게 말한다. "정찰비행에 있어서 귀로는 그다지 중요한 시간이 아니다. 더군다나 동쪽으로 조금만 벗어나면 그가 생애에서 콘수엘로와 가장 황홀한 순간을 보낸 바 있는 빌라가 보였을 것이다. 아르헨티나에서 보낸 영웅적 시대의 이야기인 『야간비행』을 그곳에서 쓴 것이다. 1944년 7월 31일, 그 빌라의 테라스는 생텍스의 마지막 순간을 관찰하기 가장 좋은 장소였을 것이다."

2000년 생텍쥐페리 탄생 백 주년이 가까워오는 어느 날 남불 방돌 앞바다에서 어부들이 작가의 이름이 새겨진 팔찌 하나를 바다에서 건져올렸다. 이로써 1) 1944년 7월 31일 아무런 자취

어린 왕자와 망치를 든 비행사의 손.
피델리티 오니온 스킨 지에 연필.

도 남기지 않고 돌연 실종된 생텍스의 비행기 'P38라이트닝' 기와 조종사가 추락한 곳이 산이냐 바다냐로 떠들썩했던 논쟁이 종식되었다. 2) 팔찌의 안쪽에 '콘수엘로' 라고 새겨진 명문으로 보아 마지막 순간까지 생텍스가 아내를 그리워하고 있었다는 사실이 증명되었다. 산에서 죽었다고 추정하는 사람들은 그 팔찌가 조작된 물건에 불과하다고 주장했지만 이 마지막 선물과도 같은 반지는 콘수엘로에 대한 작가의 열렬한 애착과 『어린 왕자』의 장미꽃의 모델이 된 그녀의 라틴아메리카적 미모가 생텍스에게 끼친 예외적인 영향을 잘 말해준다.

어린 왕자의 사라짐과 작가의 실종 사이의 이 기이한 일치는 이 콩트에 놀라운 신비성의 후광을 던진다. 이 기이한 삶과 죽음은 『어린 왕자』를 작가 자신의 행복과 불행에 대한 환유로 읽히게 만든다. 사람들은 말한다. "얼른 보기에 어린이를 위한 단순하고 순진한 한 편의 동화에 불과한 『어린 왕자』는 감정적인 혼란과 환멸의 덫에 걸린 한 짧은 생애의 자전적 영상을 비춰주는 놀라운 감광판과도 같다."

사막의 꽃.
피델리티 오니온 스킨 지에 잉크와 수채. 뉴욕, 1942.

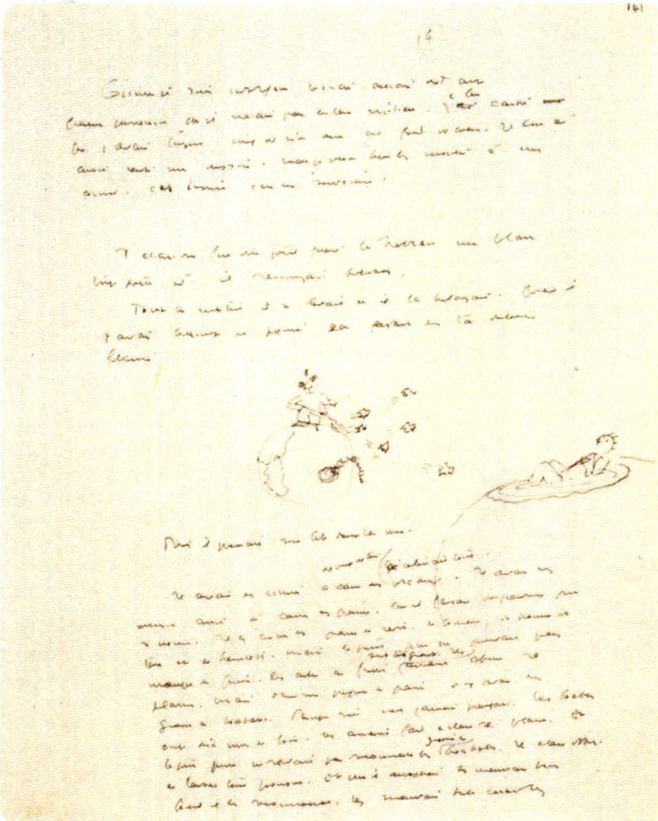

『어린 왕자』의 원고.
행성 위 어린 왕자에 대한 두 가지 소개.
피델리티 오니온 스킨 지에 잉크.

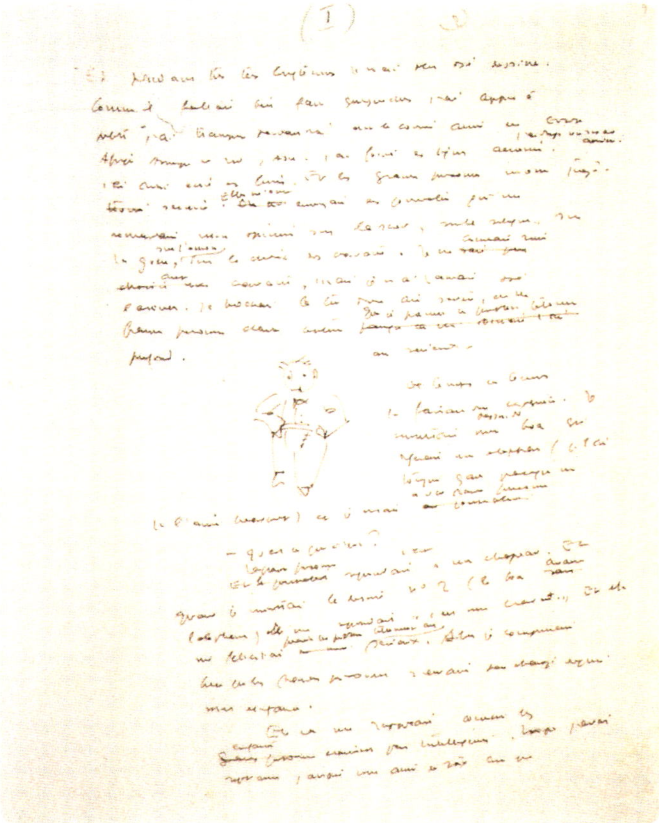

『어린 왕자』의 원고.
피델리티 오니온 스킨 지에 잉크와 수채물감.

1911년경, 일러스트가 그려진 짧은 콩트들.
초등학생용 격자무늬 노트에 잉크와 연필.

생텍쥐페리의 후손들이 제본해서 엮은 것으로,
2000년 발리에르 출판사에서 '심심풀이'라는 제목으로
출간되었다.

「게으름뱅이 소녀」

1 | 여덟시가 다 되었는데 아직 일어나지 않았다니, 네 어머니에게 말씀드려야겠다.
2 | 비열한 쥐시는 엄마에게 일러바치고, 나는 혼쭐이 나겠지.
3 | 어떻게 숙녀가 되어서 외출하기 전에 세수도 안 할 수가 있지? 얼른 일어나렴.
4 | 이제야 준비가 다 되었구나. 너희 교장선생님을 찾아뵈어야겠다.
사실 그녀는 '볼기를 잘 때리는' 분이지.

「작은 악마들」

1 | _아, 인형 속옷이 더러운데 비누가 없네. 어떻게 한담.
깜짝 놀랐잖아. 네가 엄만 줄 알았어.
_나야, 엄마가 아니라. 하지만 난 엄마에게 물바다가 된 네 방에
와보라고 할 거야. 엄마에게 들키면 꼴 좋겠다!

2 | _제발 부탁이니 엄마에게 말하지 마. 엄만 날 죽이려고 할 거야.
요전날 네가 그랬던 것처럼 난 후식도 먹지 못하게 될 거라구!
_그래 그때 나처럼. 넌 내가 하녀에게 욕한 걸 삼촌들한테 일러서
혼쭐이 나게 만들었지. 나도 엄마에게 이를 거야. 엄마에게 말해야지.
_오! 저 못된 놈 때문에 또 울게 생겼구나.

「게으름뱅이 소녀」
초등학생용 격자무늬 노트에 잉크와 연필.

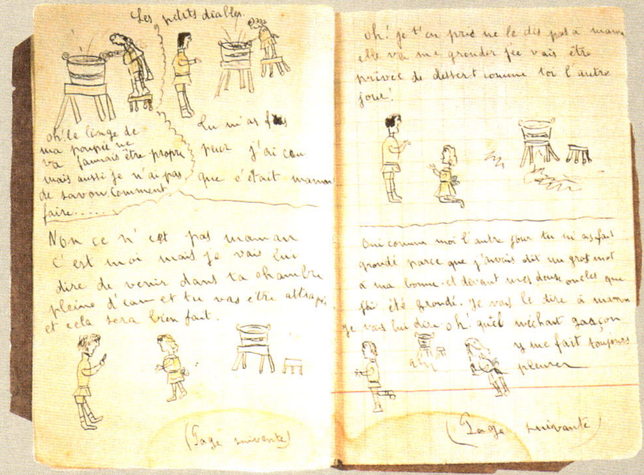

「작은 악마들」
초등학생용 격자무늬 노트에 잉크와 연필.

참고서적

Antoine de Saint-Exupéry, *Pages choisies*, Librairie Hachette

——, *Oeuvres*, Bibliothèque de la Pléiade, Gallimard, 1959

——, *Petit Prince*, avertissement de Frédéric d'Agay, Folio, Gallimard, 2006

——, *Naissance d'un prince, dessin d'Antoine de Saint-Exupéry*, avec le texte d'Alban Cerisier, Folio, Gallimard, 2006

——, *Dessins-aquoirelles, pastels, plumes et crayons*, Gallimard, 2006

Léon Werth, *Saint-Exupéry, tel que je l'ai connu*, Seuil, 1950

Georges Pelissier, *Les cinq Visages de Saint-Exupery*, Flammarion, 1951

Pierre Chevrier, *Saint-Exupéry*, Gallimard, 1959

André de Vilmorin, *Louise de Vilmorin*, Seghers, 1962

Marie de Saint-Exupéry, *J'entends chanter mon arbre*, Gallimard, 1965

Denis de Rougemont, *Journal d'une époque*, Gallimard, 1968

Adèle Breaux, *Saint-Exupéry in America,1942–1943*, Associated University Press, 1971

Curtis Cate, *Saint-Exupéry*, livre de poche, Grasset, Paris, 1994

Paul Webster, *Vie et Mort du petit prince*, Editions du Félin, 2000

Magazine littéraire, No. 453, mai 2006

장성욱, 『어린 왕자와 장미』, 인간사랑, 1994

레옹 베르트, 『생텍쥐페리에 대한 추억』, 양영란 옮김, 끌리오, 1999

콘수엘로 드 생텍쥐페리 『장미의 기억Mémoires de la Rose』, 김선겸 옮김, 창해, 2000

알랭 비르콩들레, 『생텍쥐페리의 전설적인 사랑Antoine et Consuelo de Saint-Exupéry, Un amour de légende』, 이희정 옮김, 이미지박스, 2006

ANTOINE MARIE ROGER DE SAINT-EXUPÉRY

■ 생텍쥐페리 연보

1900년 6월 29일 앙투안 마리 로제 드 생텍쥐페리(Antoine Marie Roger de Saint-Exupéry), 프랑스 리옹에서 출생. 부계는 리무젱, 모계는 프로방스 출신이다. 마리 마들렌, 시몬 두 누이와 동생 프랑수아, 여동생 가브리엘, 5남매 중 맏아들. 어린 시절을 렝 지방의 생 모리스 드 레망 성(城)과 바르 지방의 라 몰 성에서 보내다.

1904년 7월 아버지 장 드 생텍쥐페리 뇌충혈로 사망.

1909년 집안이 르망에 정착.

1909년 10월 7일 르망의 콜레주 노트르 담 드 생 크루아에 입학.

1912년 처음으로 조종사 베드린과 함께 앙베리외 공항에서 첫 비행. 키엘뵈프 선생에게서 처음으로 바이올린 교습.

1914년 10월 빌 프랑슈 쉬르 손느에서 동생과 함께 콜레주 몽그레 입학. 전쟁과 건강상의 이유로 삼 개월 후 학교를 떠나 스위스 프리부르로 가서 콜레주 드 라 빌라 생 장에 입학하다. 그가 일생 동안 향수를 느끼며 추억하는 유일한 학교 생활.

1917년 7월 동생 프랑수아의 병사. 생텍스의 운명론적 기질의 발단. 10월 바칼로레아의 준비를 위해 파리 뤽상부르 공원 근처의 사립 기숙학교인 보쉬에 학교 입학. 부 교장 모리스 쉬두르 신부를 만나다. 1919년까지 생루이 고등학교에서 해군사관학교 입시 준비.

1919년 6월 해군사관학교 입시에서 구두시험 불합격.

1920년 파리 미술학교 건축과에 청강생으로 입학하여 6개월간 수학.

1921년 6월 2년간의 군 복무를 위하여 공군에 소집되다. 전투 비행단 제2연대 소속으로 스트라스부르에서 군복무. 정비부대 소속이었으나 로베르 아에비에게 개인교습을 받은 후 조종사가 되다. 사관생도 자격으로 카사블랑카에 배속되어 1922년 2월까지 체류.

1922년 10월 제34비행연대의 전투중대 중위로 파리의 주 공항인 부르제에서 공군 2년차를 마치다. 시인이며 소설가인 루이즈 드 빌모랭을 알게 되어 약혼.

1923년 이해 초 비행기가 부르제에서 추락, 두개골 골절상. 루이즈 드 빌모랭과 파혼. 6월 제대. 공군에 계속 남으라는 권유를 포기하고 파리의 튈르리 드 부아롱 사무실에 취직하여 월급쟁이가 되다. 사무실을 떠나 오토모빌 소레 공장의 지방담당 트럭 외판원으로 일하다. 여동생 가브리엘이 피에르 드 지로 다게와 결혼하다. 보쉬에 학교 시절 친구의 여동생인 르네 드 소신느에게 편지를 쓰기 시작하다. 남에게 인정받고 싶어하는 생텍스의 광적 욕망이 편지 속에 확실하게 나타남.

1923~1926년 작가수업.

1926년 아드리엔 모니에가 발간하는 『르 나비르 다르장』지에 짧은 단편 「비행사」 발표. 10월 11일 보쉬에 학교 시절의 스승 쉬두르 신부의 주선으로 라테코에르 항공사에 취업. 처음에는 사무원으로 일하나 비행기 조종을 하고 싶어하여 툴루즈의 영업부장 디디에 도라 앞에 출두. 11월 비행기를 수령하다. 생텍스의 생애에서 행복한 오 년의 시작. 1926~1931년 사이에 장래의 작품들에 자양분을 제공할 핵심적 경험을 축적한다.

1927년 봄 바셰, 메르모즈, 에티엔 기요메, 레크리뱅 등과 함께 프랑스의 툴루즈-서아프리카 세네갈의 다카르 항로 우편기 조종. 다카르 항로상의 아프리카 기항지인 모로코 남부 캅쥐비의 항공기지 착륙장 지점장으로 발령받다. 해안지역의 외따로 떨어진 사막인 이 불안한 지역에서 18개월 동안 보낸 경험은 『인간의 대지』 『어린 왕자』와 『성채』에 깊은 흔적을 남긴다.

1928년 프랑스로 돌아와 소설 『남방 우편기』 발표. 갈리마르 출판사와 전속 계약. 브레스트에서 해군 항공 고등교육을 받고 디플롬 획득. 9월 남미로 출발.

1929년 10월 19일 아르헨티나 부에노스아이레스에서 옛 동료 기요메 등과 재회. '아에로포스탈 아르헨티나' 회사의 영업부장이 되다.

1930년 6월 13일 기요메가 안데스 산맥을 22번째로 넘다가 눈 폭풍에 휘말려 실종. 오 일간 생텍스와 델레가 수색하나 실패. 6월 30일 기요메 생환. 생텍스가 그를 멘도사로 이송. 아르헨티나를 출발하기 몇 주 전인 1930년 가을, 알리앙스 프랑세즈 리셉션에서 과테말라 출신 문인 엔리케 고메즈 카리요의 미망인 콘수엘로와 만나다.

1931년 아에로포스탈 사 해체. 도라, 생텍스 등 사임. 1월 파리로 출발, 4월 12일 아게(바르)에서 보쉬에 학교의 교장 모리스 쉬두르 신부의 주례로, 만난 지 칠 개월 만에 콘수엘로 순신과 정식으로 결혼. 다시 회사의 프랑스-남미 노선에 취업. 두번째 작품 『야간비행』 출간. 12월 페미나 상 수상.

1932년 생 모리스 레망 성이 리옹 시에 매각되고 어머니는 칸의 아파트로 이사한다. 라테코에르 사 연습조종사가 되다.

1934년 새로 창설된 에어 프랑스 사에 프랑스 및 해외 선전국 아타셰로 입사. 1934년에는 사이공에서 활약.

1935년 일간지 『파리 수아르』에 의하여 모스크바에 특파되다. 에어 프랑스 후원으로 시문기를 타고 지중해 일주 강연. 12월 31일 파리-사이공 비행기록을 세우기 위하여 시문기로 이집트로 출발. 12월 30일 현지시간 4시 45분 카이로에서 200킬로 지점, 리비아 사막에 불시착하나 5일 동안 걸어가다가 베두인 유목민의 카라반을 만나 구조되어 카이로의 피라미드 발치의 메나 하우스 호텔에 며칠간 체류. 파리로 귀환.

1936년 이때부터 제트기를 할당받다. 12월 7일 친구 메르모즈 사망.

1937년 2월 7일 시문기를 타고 카사블랑카로 향발. 3월 파리 귀환. 4월 『파리 수아르』 파견으로 카르바셀과 마드리드 전선 취재. 9월 뉴욕-티에라 델 푸에고(tiera del fuego) 항로를 시문기로 시험비행할 것을 항공성에

제안하여 허락받다.

1938년 2월 15일 미국 뉴욕에서 이륙. 과테말라에서 추락. 심한 부상. 3월 28일 뉴욕으로 이송되어 치료받다. 7월 초 안 린드버그의 책 『바람이 인다』에 서문을 쓰다.

1939년 2월 『인간의 대지』 출간. 6월 미국에서 『바람과 모래와 별』의 제목으로 번역 출간되어 '이달의 책' 으로 지정되고 프랑스에서는 아카데미 프랑세즈 소설 대상 수상. 미국 여행. 8월 20일 전쟁이 임박했음을 예감하고 서둘러 귀국.

1939년 9월 3일 독일과의 전쟁 발발로 동원령. 툴루즈 기지로 출두 명령받음. 아내 콘수엘로는 라 바렌느-자르시의 시골집 '라 푀으레 La Feuilleraie' 에 기거. 공군 대위로 툴루즈 비행대 소속 교육장교로 임명됨. 전투비행사가 되고자 했으나 12월부터 1940년 7월 까지 고공촬영 임무를 띤 정찰대(그랑드 르코네상스) 2/33 전투비행중대 배속(오르콩트 숙영지 주둔).

1940년 5월 10일 "이상한 전쟁" 종식.

1940년 6월 17일 2/33 전투비행중대 모든 장교는 알제로 이동. 6월 22일 휴전 협정. 부대가 오를리에서 퐁텐블로 북동쪽 낭지스로 이동. 7월 31일 공군에서 전역. 8월 5일 어머니가 와 있는 아게의 누이 집에 정착. 『성채』 집필 계획. 10월 아내 콘수엘로는 뤼베롱 산자락의 도페드 르 비외에로

가다. 10월 24일 미국의 출판사에서 『바람과 모래와 별』의 판촉에 참가할 것을 권유하는 한편 프랑스의 전쟁에 관한 다른 책을 집필 요청. 미국행을 결심. 11월 5일, 모로코를 거쳐 리스본으로. 11월 16일 영국 비행기로 오인한 이탈리아 전투기에 추격당하여 지중해 상공에서 기요메가 사망했다는 소식을 접하다. 12월 뉴욕으로 출발. 호텔 생활.

1941년 2월 뉴욕의 리츠칼튼 호텔을 떠나 센트럴파크 사우스 240번지 27층 아파트로 이사. 영어 사용을 거부. 여름을 로스앤젤레스에서 보내다. 7월 영화감독 장 르누아르의 초청으로 할리우드에 가다. 『인간의 대지』의 영화화 계획.

1942년 뉴욕으로 돌아온 뒤 『어린 왕자』 집필 시작. 2월 20일 『전시 조종사』의 영어 번역판 『Flight to Arras』 출간(베르나르 라모트의 삽화). 프랑스에서도 출간되었다가 1943년 독일 당국에 의하여 판매 금지. 여름을 롱아일랜드에서 보내다. 『어린 왕자』 집필과 삽화 그리기에 몰두하다. 11월 독일이 프랑스 전역을 점령. 미국이 비시주재 대사관 철수. 생텍쥐페리 모자간의 서신왕래가 결정적으로 단절되다. 11월 6일 미군이 북아프리카 상륙. 12월, 『뉴욕 타임스』지에 "모든 곳에 있는 프랑스 사람들에게"라는 공개서한을 발표하고 2/33부대에 합류하려고 노력.

1943년 2월 『어떤 볼모에게 보내는 편지』 발표. 3월 『어린 왕자』 영어, 불어판 출간. 5월 4일, 미국 출발. 삼 주간에 걸친 선박여행 끝에 대서양을 건너 알제의 우지다에서 미국군의 지휘를 받는 자신의 편대에 합류. 7월 편대가 튀니스로 이동. 7월 21일 생텍쥐페리는 정찰임무를 띠고 론 계곡 상공을 비행하나 착륙이 미숙하다고 판단되어 연령 초과를 이유로 미국 사령관에게 소환당하다. 비행 금지. 8월 알제의 조그만 방에서 기거. 제트 엔진 연구. 미완의 대작 『성채』 수정작업. 31편대 대장인 샤생 대령의 개입으로 사르데뉴 주둔 부대에 배속. 비행훈련. 단 5회만 비행한다는 조건으로 알제의 2/33비행중대 복귀 성공.

1944년 7월 부대가 코르시카 보르고 기지로 이동. 7월 31일 아침 8시 30분 그르노블-안시 지역 정찰임무를 띠고 마지막 이륙. 예정된 13시 30분, 기지로 귀환하지 않음. 남은 연료는 한 시간분. 바스티아 북쪽 100킬로 지점인 코르시카 상공에서 적기에 피격되었을 것으로 추정됨. 44세.

김화영

서울대학교 불문과를 졸업하고 동대학원에서 석사과정을 마쳤다. 프랑스 엑상프로방스 대학교에서 알베르 카뮈론으로 문학박사 학위를 받고 30여 년 동안 고려대학교 불문과 교수로 재직하면서 개성적인 글쓰기와 유려한 번역, 어느 유파에도 구속되지 않는 자유로운 활동으로 우리 문학계와 지성계에서 독특한 위치를 점했다. 현재 고려대학교 명예교수로 있다. 『바람을 담는 집』『문학 상상력의 연구』『시간의 파도로 지은 城』『김화영의 알제리 기행』『소설의 숲에서 길을 묻다』『행복의 충격』『여름의 묘약』 등의 저서와, 알베르 카뮈 전집(전20권), 『내 생애의 아이들』『섬』『걷기예찬』『어린 왕자』『마담 보바리』『지상의 양식』『어두운 상점들의 거리』『카뮈-그르니에 서한집 1932~1960』 등의 번역서가 있다.

어린 왕자를 찾아서

1판 1쇄 | 2007년 5월 8일
1판 6쇄 | 2023년 5월 12일

지은이 김화영
책임편집 염현숙 조연주 | 디자인 송윤형
마케팅 정민호 김도윤 한민아 이민경 안남영 김수현 왕지경 황승현 김혜원
브랜딩 함유지 함근아 박민재 김희숙 고보미 정승민
제작 강신은 김동욱 임현식 | 제작처 영신사

펴낸곳 (주)문학동네 | 펴낸이 김소영
출판등록 1993년 10월 22일 제2003-000045호
주소 10881 경기도 파주시 회동길 210
전자우편 editor@munhak.com | 대표전화 031)955-8888 | 팩스 031)955-8855
문의전화 031) 955-2696(마케팅) 031) 955-2675(편집)
문학동네카페 http://cafe.naver.com/mhdn
인스타그램 @munhakdongne | 트위터 @munhakdongne
북클럽문학동네 http://bookclubmunhak.com

ISBN 978-89-546-0310-2 04860
978-89-546-0311-9(세트)

잘못된 책은 구입하신 서점에서 교환해드립니다.
기타 교환 문의: 031) 955-2661, 3580

www.munhak.com